U0047156

LOCUS

LOCUS

LOCUS

LOCUS

touch

對於變化，我們需要的不是觀察。而是接觸。

touch 62

機器人即將搶走你的工作：
影響全球數十億人的 7 大自動化技術發展，現在開始重新定義工作目的，幸福慢活

Robots Will Steal Your Job, But That's OK:
How to Survive the Economic Collapse and Be Happy

作者：費德里科・皮斯托諾 Federico Pistono
譯者：李芳齡
責任編輯：邱慧菁
封面設計／ Jacket design：費德里科・皮斯托諾 Federico Pistono
封面完稿：我我設計工作室

法律顧問：全理法律事務所董安丹律師
出版者：大塊文化出版股份有限公司
台北市 10550 南京東路四段 25 號 11 樓
www.locuspublishing.com
讀者服務專線：0800-006689
TEL：(02) 87123898　　FAX：(02) 87123897
郵撥帳號：18955675　　戶名：大塊文化出版股份有限公司
版權所有　翻印必究

Robots Will Steal Your Job, But That's OK by Federico Pistono
Copyright © 2012 by Federico Pistono
Complex Chinese language edition published in agreement with Federico Pistono
Complex Chinese translation copyright © 2016 by Locus Publishing Company
All Rights Reserved.

總經銷：大和書報圖書股份有限公司
地址：新北市新莊區五工五路 2 號
TEL：(02) 89902588 (代表號)　　FAX：(02) 22901658
製版：瑞豐實業股份有限公司
初版一刷：2016 年 1 月

定價：新台幣 300 元
Printed in Taiwan

機器人即將搶走你的工作

影響全球數十億人的 7 大自動化技術發展，現在開始重新定義工作目的，幸福慢活

Robots Will Steal Your Job, But That's OK

How to Survive the Economic Collapse and Be Happy

費德里科・皮斯托諾 Federico Pistono 著

李芳齡 譯

謹將本書獻給那些致力於為人人創造更美好世界的卓越人士。
亦將本書獻給新興且成長中的開放式科學、開放式教育、
開放式文化、創作共用，以及自由軟體運動等時代精神，
你們是這個世代的英雄，為我們帶來未來的希望。

目錄

推薦序

影響全球數十億人的課題

大衛・歐爾班 David Orban

二〇一二年十月，紐約

費德里科在二〇一二年初洽詢我是否願意和他交換意見，我欣然同意。起先，我們互通電子郵件，很快就進展到線上語音和視訊交談，幾天後，我們約定碰面，他來造訪我一天，並和我及我的家人共度一晚。

和費德里科共處，感覺猶如陽光暖照，他對自己關注的議題所展現出來的熱情、好奇心與高度興趣，以及他樂於與人分享經驗的態度，都令人忍不住喜歡上他。我們有很多共同話題，彼此引述了許多書籍和文獻；得知我們研讀相同資料，眞是愉快極了。我們也向彼此提到全球性行動與組織，發現兩人都在追蹤這些行動與組織的發展情形，或者積極參與其中。

這篇推薦序不僅僅是簡短介紹這本書的作者，以及我和他接觸、互動的經驗，我認爲，從這篇推薦序也可一窺愈來愈多人如何運用時間對自己感興趣的事務採取行動——使用科技與線上溝通工具尋找懷抱相同目標的人，迅速建立互信，再使用靈活的工具通訊、共同行動，有效推動共同目標。簡言之，這是一條人與人相互連通的快速途徑！

這本書對我們現今面臨的一個基本課題，作出聰穎、幽默、周詳且重要的探討。得知費德里科正在撰寫書稿，而且他在二〇一二年夏季畢業於奇點大學（Singularity University），可以運用所學來豐富他的觀點，使我對此書充滿期待。費德里科在書中提供具有知識性、可據以行動的詳細資訊與分析，內文探討的這些課題將影響全球數十億人，在未來的科技、變遷與環境下，我們全都得重新定義我們在人生中的角色、目標與目的。

許多人正在爲我們面臨的最迫切問題研議各種技術性解方，縱使任何一個解方都無法令我們有十足的把握，但從統計上來說，我們可以仰賴其中某一解方，然後快速擴展。因此，重點是聚焦於人：我們人類是無法輕易除錯、調整的生物，想改正人類的傾向和謬見，其困難程度遠甚於更新任何機件。爲了擘劃一個充滿驚奇美妙的繁榮未來，必須讓盡可能最多的人覺察、認知到我們眼前的機會，所以我非常振奮於本書的問市，也很高興你選擇閱讀這本書。若你喜愛此書，希望你也向那些在未來將與你一起生活、工作，與喜愛這個世界的朋友推薦此書。

（本文作者為 Dotsub 公司執行長、奇點大學顧問暨教職人員）

作者序
世界不斷變化，多一點了解與適應

多年來，我一直想寫一本書，但從未能夠下定決心完成這項目標。每當我對一個主題感興趣時，就開啓了一個我尚未涉獵過的全新領域，引領我去探索並了解另一個事物的領域。然而，我在相關領域中鑽研得愈多，有待我探索的事物就愈多。每當我以爲自己對一個主題已經有相當程度的了解時，總會有新東西冒出來，挑戰我先前的假設，於是我又再度鑽研。

或許是因爲我天性好奇，而且興趣太廣泛，長期鑽研一個特定主題，對我而言是滿辛苦的一件事。二〇一一年十月，我遍行歐洲，一方面思考自己的未來，同時也爲我的下一場演講做準備，最後我決定，該是我作出改變的時候了。

在瑞典旅行的一個雨天，我認知到，寫一本有關如何改變、調整社會認知的上千頁著作，是個不切實際的目標，而且或許也有點妄自尊大。題材太多，也太複雜，我根本沒有足夠時間在一本書中妥善處理好，所以我決定挑選並聚焦於最迫切的課題。我想到「環境永續」和「氣候變遷」等議題，但已經有很多一流書籍探討這些主題，而且那些作者的資歷遠勝於我。我也想到「未來科技」和「人工智慧」等議題，但同樣已有很多探討這些主題的一流書籍。後來，我發現，有一項個人與社會面臨的最迫切課題被過度忽視，那就是科技正在取代人力。

截至目前為止，探討這項議題的作者很少，而我決定填補這個教育鴻溝。本書的讀者將不是學術象牙塔裡的人士，而是一般大眾；畢竟，受此趨勢影響最甚的，將是一般工作者，而且鮮少人以簡單明瞭的詞彙來解釋相關複雜題材。我向自己許諾，我要把這本書寫成易讀易懂、對改革者有實際幫助的資源，不論他們是政治人物、科技慈善家或執行長。

撰寫這本書的過程中，我面臨的最大困難之一，就是要決定涵蓋哪些內容，我衷心希望我在這方面拿捏得很好。這是一個複雜的主題，而且這本書是我的第一本著作，不可能盡善盡美。各位的反饋意見，不論褒貶，都有助於我在未來的版本中作出改進。

我希望這本書可以促使各位思考自己的未來，引領各位更了解周遭的世界，幫助各位適應無邊無際、驚奇連連的變化。在此同時，或許能讓你多一點微笑，也變得更幸福一點。

如果這本書成功做到這些，那麼我投入的時間與心力就值得了。

謝辭

展開撰寫此書的計劃時，我心裡想著要嘗試非傳統的書籍出版途徑，這可說是一種社會性實驗，我不打算循著尋常流程，找個出版經紀人，然後也許獲得一家出版公司的出價，最多讓我抽一〇％的版稅（若一切順利的話），我決定訴諸一條非常不同的途徑。

我心想，這本書是爲了願意閱讀它的人而寫的，不是爲了出版商而寫的，若人們相信我、相信這本書的撰寫計劃，就會展現支持，否則就罷了。當然，自己做比仰賴他人要困難些，你必須持續證明你的信譽，建立粉絲群，進行訪談，撰寫文章，然後自行處理行銷宣傳事宜，和讀者建立信任關係。

我決定使用群衆募資網站 IndieGoGo，僅僅幾週，就有七十八人決定支持我的寫書計劃，超出我原先的募資目標一三〇%，讓我得以雇用一位專業設計師爲本書設計封面，並送出幾本書給朋友當禮物。

本書的原文初版有一些錯字，也需要進一步的校對修正，各位現在可買到的二〇一四年修訂版，應該已經修正了這些錯誤。對此，我必須感謝我的友人伊曼紐・奧圖（Immanuel Otto）及亞當・華特豪斯（Adam Waterhouse）。

在我的網站上：robotswillstealyourjob.com/supporters，有一份名單列出在推銷此書期間支持我的前瞻思維人士，他們當中有多位尤其慷慨，我想在此特別致上謝忱，包含班・麥克雷希（Ben McLeish）、馬可・巴塞提（Marco Bassetti）、丹妮艾拉・曼辛納里（Daniele Mancinelli）、馬克・韓森（Mark Henson）、賈斯汀・葛瑞斯（Justin Gress）、艾力克・伊澤奇里（Eric Ezechieli）和強納生・賈維斯（Jonathan Jarvis）。

我也感謝在眞實生活[1]和虛擬世界中對我提供寶貴意見的所有朋友，以及我的臉書專頁粉絲和推特的追蹤者。

謝謝你們，你們太棒了！

前言
你並非無可取代

你即將變得過時，有被淘汰之虞。

你以爲自己很獨特，不論你從事的是什麼工作，你認爲自己都不可能被取代。你錯了！就在此時此刻，電腦科學家們創造出來的無數演算法，正在世界各地無以計數的伺服器上飛速運轉，它們只有一個目的：執行人類所做的任何事，但是做得更好。這些演算法是智能型電腦程式，滲透至我們的社會基底，它們作出財務決策、預測天氣，也預測接下來哪些國家會爆發戰爭。很快地，留給我們人類的工作將所剩無幾，機器將大舉接掌。

你大概覺得這聽起來像是未來主義狂想曲吧？或許吧。這是愈來愈多、但目前仍屬偏激一群的思想家、科學家和學者所提出的觀點，他們視科技的進步爲一股顚覆破壞的力量，很快就將永久、徹底地改變我們整個社經體系。他們認爲，機器和電腦智能取代人力的發展趨勢將在未來數十年更爲顯著，這種變化將急劇到令市場無法爲失業者創造新的就業機會，使得失業不再只是景氣循環的現象之一，而是變成結構性失業，無法扭轉——這將是就業市場的末日世界。

多數經濟學家駁斥這種論點，許多經濟學家甚至根本不探討這個課題，而那些探討此課題的經濟學家則是聲稱市場總會自己找到出路。他們認爲，機器取代舊工作的同時，會有新工作出現，拜人類智慧和成長需求之賜，市場一定會找到出路，尤其是在現今這個連結性與全球化持續擴展的大衆市場裡。

本書盡量避免憑藉信念、直覺或預感來選邊站，我嘗試根據至今可得的證據作出理性推理。

本書分成三部，第一部探討技術性失業，以及它對工作與社會所造成的衝擊。我選擇聚焦於美國經濟，但同理適用於絕大多數的工業化國家。第二部檢視工作的本質，以及工作和幸福之間的關係。在第三部，我大膽嘗試爲如何應付前兩部探討的課題提出一些務實建議。若要對每一部探討的課題做到詳盡的檢視與分析，需要投入龐大功夫，有可能會產生數千頁的內容，遠遠超出本書的目的。我的意圖並不是要撰寫一份詳盡的學術報告，而是要引發討論，探討我認爲很快就會演變成我們個人及整個社會面臨的最大挑戰之一的一個發展趨勢。

我們常將各種課題區分開來，個別探討與處理，未能認知到它們在現實中的相互關聯性，這種錯誤導致我們脆弱而容易受到傷害。過去七十年，我們自己創造了走向毀滅的舞台，我們變得愈來愈不滿，人際關係品質惡化，迷失而搞不清楚什麼才是真正重要的東西。

今天，就像美國喜劇演員路易．CK（Louis C.K.）說的那樣：事事令人驚奇，但沒人感覺到幸福。是時候後退一步，想想未來該何去何從了。

我們開始吧。

第1部
自動化與失業

1 當前的失業情形

我們通常藉由閱讀新聞和環視周遭世界來意識境況有多好或多壞，我們檢視自身的生活，和鄰居交談，閱讀報紙、部落格、推特文和看電視，只有極少數人會花時間自行查證冗長、乏味的經濟合作暨發展組織資料統計庫（OECD Factbook）或美國勞工統計局提供的統計表。各大報的商業版上充斥著財經術語，無助於那些對經濟體系錯綜複雜性不熟悉的人們清楚了解實際狀況與發展，結果是，多數人根本不知道實情。快速檢視美國及歐洲近年的就業成長統計數字，至少會讓我們稍微心生憂慮。

美國政府在二〇一一年七月發布的一份報告顯示，美國經濟體系當月創造了十一萬七千個新就業機會，《紐約時報》（*The New York Times*）據此刊登了一篇樂觀報導，標題爲〈美國在七月展現更強勁的穩定成長〉（"US Posts Stronger Growth in July"）。[2]但是，這個虛假希望的背後，隱藏著可怕的事實：雖然就業機會增加了十一萬七千個，卻不敷人口成長（美國每月人口增加約十三萬人），更遑論填補二〇〇八年至二〇〇九年經濟大衰退期間流失的一二三〇萬個工作飯碗。

我們還可以在這篇報導的後文中發現更多問題，官方發布的失業率爲九．一％，這已經是夠嚇人的數字了，但更令人憂心的是，有八四〇萬人因爲無法找到全職工作，只能做部分工時工作，另有一一〇萬人因爲覓職屢屢受挫而變得太氣餒，索性就不再找工作了。如果把這些人也包含在內，美國二〇一一年七月的更廣義失業率爲十六．一％，請靜心想想，堪稱全球最富有國家的美國，二〇一一年七月的失業率爲十六．一％！

彷彿這還不夠黯淡似的，令人發愁的數字不止於此，美國只有五八．一％的人口在就業中，是近三十年間的最低水準。[3] 加州大學柏克萊分校哈斯商學院（Haas School of Business, UC Berkeley）教授蘿拉．丹卓雅．泰森（Laura D'Andrea Tyson）推估，就算美國經濟體系能夠在可預見的未來每月創造二十萬八千個新就業機會，也必須遲至二〇二三年才得以完全塡補這個缺口。[4] 拜私人部門和政府作出的重大努力之賜，美國的失業率在二〇一二年一月降至八．三％。[5] 不過，若我們作出少許調整，考量因爲經濟理由而從事部分工時工作者，以及僅僅些微參與勞動力的喪志勞工，長期失業率幾乎和前一年同期差不多。更糟的是，勞動力參與率只有六三．七％，是一九八三年以來的最低水準（別忘了，一九八三年時，女性還未大量進入勞動力市場），從該年之後，勞動力參與率年年持續下滑。[6]

麻省理工學院（Massachusetts Institute of Technology，ＭＩＴ）經濟學家艾瑞克．布林優夫森（Erik Brynjolfsson）和安德魯．麥克菲（Andrew McAfee），在其合著的《與機器競賽》（*Race Against the Machine*）[7]中對此問題作出詳盡分析。他們探討當前的失業危機，嘗試提出一些解方，包括改革教育和經濟誘因制度、提倡創業精神等。雖然我贊同他們的分析，但我認爲他們提出的解方局限在至今已奏效的方法，似乎假設經濟誘因制度、人們的動機，以及人性本身等都是近乎永遠不變的東西。法國啓蒙時代思想家伏爾泰（Voltaire）曾經說過：「工作使我們遠離三害：無聊、惡行和匱乏。」無疑地，截至目前爲止，擁有一份工作的確是對抗這三害的重要力量，但我不認爲這是對抗此三害的唯一之道，我在後文會探討個中原因。

還有其他作者探討相同議題，傑瑞米．里夫金（Jeremy Rifkin）是最早認眞思考這個問題的作者之一，他在一九九五年出版的《工作末日》（*The End of Work*）[8]一書中預測，資訊科技將消滅數千萬製造業、農業及服務業的工作飯碗，導致全球的失業人口增加。里夫金探討自動化對藍領階級、零售業和批發業員工帶來的嚴重衝擊：「在一小群企業經理人和知識型工作者因爲高科技全球經濟而獲益時，美國的中產階級卻持續萎縮，職場上的壓力有增無減。」[9]里夫金或許在一些細節上有誤，但他的宏觀預測準確到幾乎可說是先知。過去二十年，我們已經看到美國中產階級的逐漸消失，成本提高、所得降低[10,11]，最富有的美國人囊括的財富遠甚於以往。

欲了解財富的創造與分配有多麼不均，以及自一九七九年以降的持續惡化情形，我們可以檢視下頁圖表1.1。[12]從圖表1.1可以看出，自一九七九年以降，美國超過八成的平均家戶所得大致維持不變，但最高一％的所得卻大幅上升，尤其是自一九九四年以後。更顯著而發人深省的變化是稅後所得分配，參見圖表1.2。

從圖表1.2可以看出，所得最低八○％家戶的稅後所得份額實際上明顯降低，但所得最高族群卻幾乎不受影響。更令人憂心的是，大衆對此現象的認知失眞，縱使在爆發全球性的占領行動之後，哈佛大學教授麥克・諾頓（Michael Norton）和杜克大學教授丹・艾瑞利（Dan Ariely）在二○一一年發表的一份研究報告〈打造更好的美國：一次改變五分之一的財富階級〉（"Building a Better America｜One Wealth Quintile at a Time"）中，分析了我們對此問題的認知偏差程度有多大，[13]參見圖表1.3。

歷史證明，里夫金的預測正確，中產階級正在消失中，最富有者變得更富有，而且我們根本不了解實際的情況有多糟。問題是，里夫金對工作和自動化的見解，是否

1979 ～ 2007 年

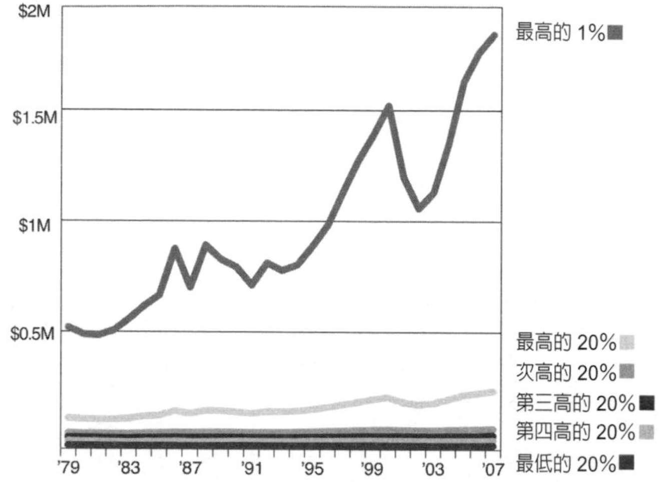

2007 年美元幣值，資料來源：美國國會預算辦公室（Congressional Budget Office）

圖表 1.1　美國平均家戶所得（稅前）

1979 ～ 2007 年

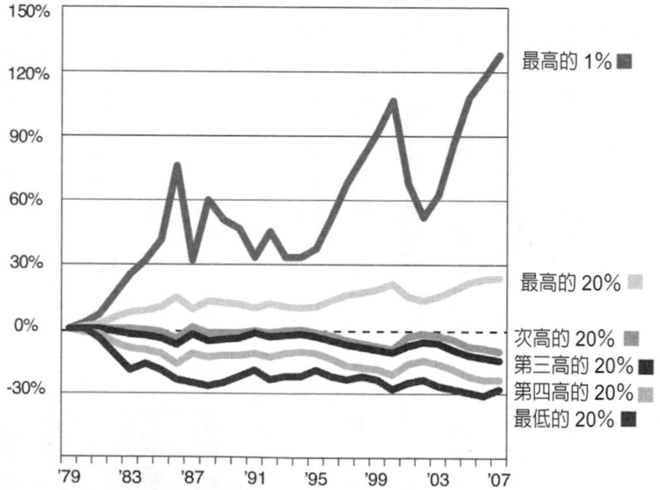

2007 年美元幣值，資料來源：美國國會預算辦公室

圖表 1.2　美國平均家戶所得分配的變化（稅後）

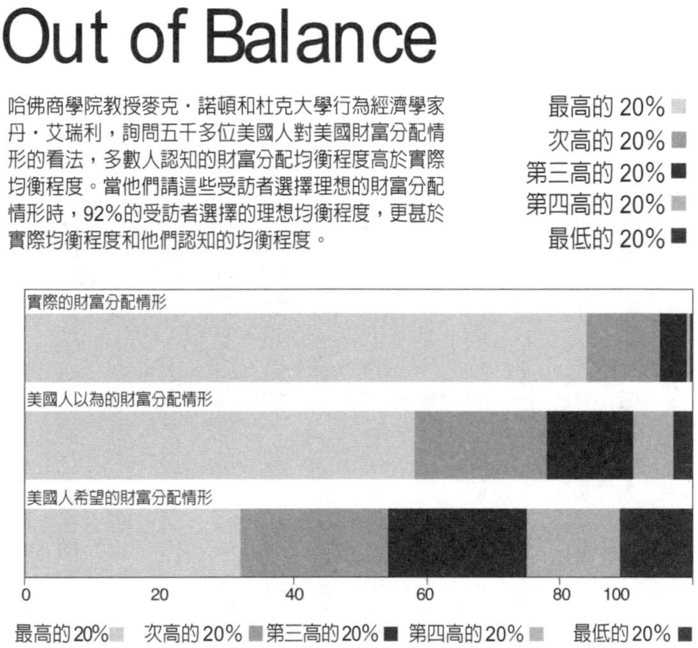
Out of Balance
哈佛商學院教授麥克・諾頓和杜克大學行為經濟學家丹・艾瑞利，詢問五千多位美國人對美國財富分配情形的看法，多數人認知的財富分配均衡程度高於實際均衡程度。當他們請這些受訪者選擇理想的財富分配情形時，92%的受訪者選擇的理想均衡程度，更甚於實際均衡程度和他們認知的均衡程度。
最高的 20%
次高的 20%
第三高的 20%
第四高的 20%
最低的 20%
實際的財富分配情形
美國人以為的財富分配情形
美國人希望的財富分配情形
0
20
40
60
80
100
最高的20%
次高的 20%
第三高的20%
第四高的20%
最低的20%

資料來源：諾頓與艾瑞利，〈打造更好的美國：一次改變五分之一的財富階級〉，《心理科學透視》（*Perspectives on Psychological Science*）期刊。

圖表 1.3　美國人對財富失衡的認知失真

也正確呢？

馬丁・福特（Martin Ford）使用其創業家和軟體工程師的觀點，對此課題作出探討。他在二○○九年出版的著作《隧道之光》（*The Lights in the Tunnel*），旨在說明何以自動化將無可避免地導致結構性失業，數以百萬計的人們，不論是高技能或低技能工作者，很快就會失去工作飯碗，而且捧回飯碗的機會渺茫。此後，福特在知名的新聞網站上，撰寫了許多相關主題的文章，引起大衆再度關注技術性失業的問題。他也是我決定撰寫此書的靈感源頭之一，不過，和布林優夫森及麥克菲的著作一樣，我並不認爲福特建議的解方可行，也不認爲它們在多數情況下是令人滿意的解方。

這些作者全都指出了一個重大問題，也運用他們的知識、技能、分析和背景，嘗試提出可行的問題解方，但身爲這些著作的讀者，我認爲這些論述有所疏忽，思慮有所遺漏，我認爲，他們是在無解的背景下試圖尋找解方。

在繼續說明我的觀點之前，我必須先聲明，我提到的這些作者，全部都是具有高度資格且非常有智慧的專業人士，他們的學術和工作經驗遠勝於我，這是毫無疑問的。但是，他們並非出生於世事在短短幾年內急劇變化的文化，他們必須適應世事快速變遷的趨勢；他們不是出生於創造這種大規模加速變化的世代，而我則是有幸隸屬於這個世代。我目睹自由軟體與開放源碼運動的崛起，見證其發展成地球上最強大的力量之一。我在孩童時代夢想有一小群聰慧之士致力於改變世界，這個夢想已經成眞。目睹這些事件發展成無所不在的現象，看到它們蓬勃發展，使因循守舊的在位者心生害怕、使革命者振奮，眞是令人興奮。

也許，我的看法並不正確，純粹是出自年輕人的自負，在無知中自得其樂，但也可能有超越我個人之外、透過我來表達的幾分實情眞理。這本書是集合了我訪談的人士、我閱讀的書籍，以及我在網際網路這個不斷擴增連結的賽博格上的體驗而形成的集體智慧，我的觀點雖然不能代表我所屬的世代或整個網路世界的意見，但不可否認的是，多年來，這些智慧之見形塑我、影響我、指引我，現在我只是混合我接收到的東西，這是一種社會性進化：複製、轉化與結合。[14]

不過，還有另一種可能性，那就是包括我本身和這些作者在內，我們可能全都錯了，主流經濟學家和分析師們的觀點可能正確。我們可能並不充分了解一些基本的經濟概念，我們的分析只不過是謬論，或許正確了解經濟學，再多了解過去一點，就能化解這些謬見。畢竟，失業率的起伏已經存在數百年，在經濟結構並未顯著改變的情況下，失業率最終還是回復至人們熟悉的水準。伴隨嶄新技術的問世，我們周而復始地從一個產業邁向另一個產業創造新的就業機會，一切安然無恙。經濟學家對此現象取了一個名稱，這個名稱源起於一個遙遠的歷史故事，在進一步申述我的觀點之前，容我先向各位述說這個故事。

2 盧德謬論

時間是十八世紀末期，地點是英格蘭，名爲內德·盧德（Ned Ludd）的男孩，是來自萊斯特市郊外安斯蒂村（Anstey, Leicester）的紡織工人，他不知道自己日後將名垂青史。

一七七九年的一個辛苦工作天，盧德是編織機編織工作的學徒，但他不受教、也不喜愛這份工作，工作時不認眞，他的師傅不高興，向地方官抱怨，地方官下令對他施以鞭罰。挨鞭的盧德抓起一把鐵鎚，搗毀令他痛恨的編織機，這個行爲被代代傳述，盧德因此名垂青史，故事大致就是這樣。

一如每一則傳說，這個故事也有許多版本，有一些版本說盧德的父親（也是編織機編織工人）叫盧德整理織針，盧德遂拿起一把鐵鎚，把它們鎚成一堆。還有其他版本的故事，沒人知道哪個版本爲眞，或者是否眞有其事。[15]

到底是否眞有其事並不重要，重要的是，這個事件就像其他民間故事般被流傳、改述，每當有紡織機被搗毀時，人們便打趣地說：「這是內德．盧德幹的。」他的行爲啓發了民間傳說人物「盧德首領」（Captain Ludd），也有版本說是「盧德王」（King Ludd）或「盧德將軍」（General Ludd），據說他就是「盧德分子」（The Luddites）運動的發起人暨領導人。

盧德分子運動遠溯至一八一一年左右的英格蘭諾丁漢郡（Nottingham），主要成員是襪子和蕾絲織品的工人，這些英格蘭的紡織手藝工人抗爭反對工業革命帶來的變革，他們經常訴諸的手段是搗毀機械化紡織機，以抗議這類節省人力技術所造成的失業。簡言之，機器搶走他們的工作，他們不喜歡這種發展情勢。

人們開始揣測，這是否爲一種無法逆轉的過程的開端，抑或情況將恢復正常。在當時，自動化不過是蒸汽引擎機器，根本稱不上是廣泛取代人力，但有人說，機器自動化的問題很可能在幾年間擴大與惡化，最終將導致生產貨物的公司瀕危。企業家亨利．福特（Henry Ford）對此有深刻、精闢的理解，他支付員工兩倍於市場水準的工資，好讓他們買得起自家生產的車子。[16]

這樣做有道理，你需要人們有足夠的錢可以購買你生產的產品，否則生產與消費的循環鏈將會中斷。若自動化取代人力的速度，快於人們找到新工作的速度，那就會出問題。人們可能憤怒，開始破壞機器，以確保自己不會失去工作。時至今日，我們仍然稱這種人爲「盧德分子」。

新古典學派經濟學家駁斥這種論點，他們說這是謬論。經濟學家亞歷山大・塔巴洛克（Alexander Tabarrok）在二〇〇三年說了一句名言：

若盧德謬論正確的話，我們所有人早就沒工作了，因爲生產力已經持續提高了兩世紀。[17]

看看你的周遭，盧德論點的確似乎是謬論。檢視歷史紀錄，應該會令人對未來的經濟感到樂觀：自動化和機器化持續發生，促成生產力提高，可以用更少人力做更多工作，工廠生產出更多產品，經濟體系創造出更多財富，但對人力的總需求並未減少。伴隨經濟成長，我們的生活水準提高，我們對什麼條件與境況才堪稱安適生活的認知，也隨之改變。

一百年前，就算是舉世最富有的人，也不會夢想能夠擁有一個可隨心所欲和世界任何地方的人連結、通訊的小型電子器材；反觀今天，大多數人難以想像沒有手機的生活會是什麼模樣。現今，擁有手機的非洲村落男孩，可以取得的資訊量比二十年前的美國總統能取得的資訊量還要多——如果你知道有多少非洲村落男孩擁有手機，可能會感到非常驚訝。有人甚至說，現今最窮的人比以前最富有的國王還要富有，我倒是不這麼認爲，因爲很多時候，獲得這些科技產物比找到食物還要便宜，你應該明白我的意思。

過去兩個世紀，我們一直仰賴機器提高我們的生產力，但機器並未取代我們；相反地，我們創造出新職缺、新產業和新機會，機器使我們變得更有創造力，生產力更高。從農業邁向製造業，再邁向服務業的同時，我們也開始拓展我們在地球上的支配力。

既然自動化導致失業的論點是謬見，那就沒什麼好擔心的了。二〇一二年歷經的嚇人失業率，例如美國八．二%、西班牙二四．一%、希臘二一．七%、愛爾蘭十四．五%，[18]只不過是衆多經濟景氣循環中的一段歷程罷了。那或者是不當政策導致，或是糟糕的政治人物導致，或是幾年前就開始膨脹的次級房貸金融泡沫導致，又或是這所有的因素結合起來導致。若果如此，那麼我們只須選出較佳的政治人物，要求實行更好的改革，降低金融業對經濟的影響程度就行了。換言之，境況遲早會恢復正常，只要好好振作努力，一切都會迎刃而解。不過，雖然我也想樂觀地這麼相信，我眞的想，但現實恐怕大不同於以往。

這些解答固然是很好的概念，也是創造更好社會的必要條件，但未必是充分條件。事實上，不論我們多麼努力，不論新一代的政治人物多麼優秀，不論企業多麼有謀略，不論我們多麼聰明、能幹，我們可能仍然避免不了這個危機。雖然是否眞的如此，我們不得而知，但這是一種可能性，是我們應該愼思與探討的可能性。

美國作家柯特．馮內果（Kurt Vonnegut）曾在一所私立女子學校的畢業典禮上致詞時這麼說：「情況將惡化到令人難以想像的地步，而且將永遠無法再改善。」[19]

我知道，這不是你想聽到的訊息，但過去幾年攀升的失業率，有可能只是冰山一角，我們可能全都搭上了二十一世紀的經濟鐵達尼號。我也想相信這只是沒根據、不當的悲觀，人類信念高度受到情緒的影響，但事情的眞相不會理會我們相信什麼，眞相就是眞相。

那麼，我們該如何面對這個難題呢？你會永遠抱持樂觀，相信每當出現新挑戰時，市場力量總是會自行調節嗎？或者，你是無可救藥的悲觀者，相信我們在劫難逃，沒希望了？你站在哪一邊？

我認爲，站在哪一邊、相信什麼或直覺預感如何並不重要，我想要盡可能客觀探索與分析。我相信有用的資料與解讀資料的良好邏輯，我認爲我們應該拋開自己的意識型態和個人預感，運用理智從有根據的角度去預測未來。爲此，我們首先得探討一些東西，它們不是什麼困難的概念，只要作出適當的解釋，就會變得簡單、易懂。這些概念是非常實用、有助益的工具，能夠幫助我們更了解周遭世界。信不信由你，這些工具淺顯易懂到甚至能輕鬆地向小學生傳授，但我認識的許多大學生連最基本程度地應用這些工具都沒能做到，這顯然不是因爲他們不夠聰明、無法理解這些工具，而是因爲從未有人教他們如何使用這些工具來思考未來。

我將克盡全力解釋這些概念，如果我成功做到的話，各位將能相當輕易地理解它們，進而使用這些概念，從全然不同的角度看待世界。各位將掌握面對這艱難課題的所有必要工具，可以自行決定你應該站在前述辯論的哪一邊。然後，我們便可以開始思考未來，思考如何過更好的生活。

接下來在各章，我們會一一探討這些概念。

3 指數成長

在我們的生活中，最重要、但也最常被誤解的概念之一，便是「指數函數」的性質。你大概聽過這個名詞，也許是報紙科技版的某則報導使用了這個名詞，但完全沒有對它作出任何解釋，或是你向銀行申請貸款時看到「複利」這個名詞。它們的重要含義往往被略過，鮮少有人解釋其眞正意涵，但它們遍及生活、經濟，以及我們未來必須作出的決策等每個層面中。在繼續本書的分析與探討之前，我們必須先了解指數函數的功效。

科羅拉多大學波德分校（University of Colorado Boulder）已故物理系榮譽教授艾伯特・巴特雷特（Albert Bartlett）在一場著名演講中說：「人類最大的缺點是未能了解指數函數」，[20]這絕非輕率之言。巴特雷特自一九六九年起，針對算術、人口和能源等主題演講超過一千七百多次，意圖提醒更多人有關未能了解這最重要概念可能導致的危險性。

我希望你在讀完這章後能夠清楚了解指數函數，不論你擁有哲學學位或經濟學學位，不論你是大學中輟生、教育程度低的失業者，或是大學教授或跨國企業執行長，都可能未充分了解指數成長的含義。但徹底了解指數成長的含義，是非常重要的事。

我曾對形形色色的聽衆做過許多演講，我發現，就算在教育程度最高的人當中，也有人連很簡單的指數成長例子都搞不懂。但是，若給予適當解釋，人人都能理解。這使我燃起希望，因爲促使所有人了解指數成長的含義，了解未來持續呈現指數成長將會產生什麼後果，這件事非常重要。

我也嘮叨夠了，我們趕快開始吧。

指數函數被用以形容任何事物持續穩定成長的程度，例如你貸款購買一棟房屋，銀行索取貸款利率七％，這意味的是，你每年得償還銀行的錢增長七％。頭一年的還款金額只有稍微增加，債務總額成長爲原始本金的一〇七％，但第二年用此債務總額、而非原始本金來滾利息，亦即原始本金的一〇七％再乘以七％，翌年又以此總額再乘以七％，以此類推。你能想像二十年後變成多少嗎？除非你在大學讀過統計學，否則恐怕不大容易。我不想在此探討指數函數的數學，雖然這很有趣，我也建議有興趣的讀者可以自行去探索，但我在這裡的目的是想以清楚、有效的方式幫助各位了解相關概念，所以這裡要提供一個隨時可用的簡單公式，各位只需要具備小一生的算數技巧就行了。

一個數值以固定速率成長，若你想知道此數值需要歷經多久時間後才能增倍，你只需要把七〇除以成長率即可，[21]這就叫做「倍增時間」（doubling time）：

倍增時間＝七〇／固定成長率

回到前述的例子，年成長率爲七％，聽起來並不多，對吧？現在，把七〇除以七，得出十，亦即經過十年，欠銀行的錢就會倍增。

這看起來相當簡單，不是嗎？當然，因爲這的確是很簡單的計算，十歲小孩也能輕鬆算出，但全球多數的政治人物、政策決策者、都市規劃師和經濟學家卻不了解。其實，任何一位經濟學家一定在大學時上過統計學，「七〇法則」（rule of 70）[22]或是此法則的延伸版本也廣爲學者所知，所以他們知道這個概念。但是，計算容易執行，歷時倍增的含義，就遠遠不是那麼容易了解，所以經常被誤解。

了解本金倍增的概念和計算方法後，我們現在來探討這種歷時倍增的效果。設若我們向銀行貸款了十萬美元，利率七%，如前所述，只須歷經十年，我們的欠款就會變成二十萬美元，亦即本金的兩倍。那麼，二十年後呢？欠款將不是變成三十萬美元，而是四十萬美元，亦即二十萬美元的兩倍。那麼，三十年後呢？欠款將變成八十萬美元！四十年後則變成一六〇萬美元！再過些年，你的欠款將增加到超過你一輩子所能賺到的錢。所幸，絕大多數的貸款都不會超過三十年期。然而，抵押貸款以外，其他可能成長超過三十年的事物呢？請將安全帶繫好，現在才正要進入飛速階段呢。

爆炸性成長

指數成長絕對不是什麼新概念，它遠溯至數千年前。相傳西洋棋的發明者（有人說他是古印度的一位數學家）[23]，向國王展示他發明的這種遊戲，國王很高興，便讓發明者自己選擇獎賞。這位聰明過人的發明者，遂請求國王賜予這項獎賞：在棋盤的第一個方格上放一顆麥子，第二天在棋盤的第二個方格上放兩顆麥子，第三天在棋盤的第三個方格上放四顆麥子，以此類推，每天在棋盤的下一個方格上放兩倍於前一個方格數量的麥子。

對指數函數的威力毫無概念的國王爽快應允，甚至覺得這位發明者請求這麼微不足道的獎賞，似乎有點瞧不起國王。他下令司庫每天點數麥子，交給這位發明者。起初幾天，發明者只收到少量麥子，國王困惑不解。一週後，發明者開始把大袋麥子扛回家，再過幾天……，你知道結果了吧？第一天一顆，第二天兩顆，第三天四顆，接著是八、十六、三十二、六十四、一二八、二五六、五一二……，才十天，就從一顆麥子增加到一〇二四顆麥子，十次倍增就達到初始數量的一千倍。但好戲才剛要開始，再倍增十次，就來到了一百萬顆麥子；再倍增十次，來到了十億顆麥子，然後是一兆……，咱們就此打住，這數字的計算已經超出了我們腦力的極限。圖表3.1顯示了這種倍增過程。[24]

想必這是相當大的數量，但到底有多大呢？我可以告訴你，這數量大到國王根本付不出來。這些麥子堆積起來，將比舉世最高的珠穆朗瑪峰（海拔八八四八公尺）還要高，大約是二〇一〇年全球大麥產量四億六千四百萬公噸的一千倍，很可能比人類史上的大麥總產量還要多。

儘管這聽起來引人入勝且令人難以置信，但別忘了，這不僅僅是一個我們愛講述的有趣神話故事，也不僅僅是個智識好奇，這個故事能幫助我們了解周遭世界，幫助我們預測應該如何打造未來。

過去三年，我做過不少演講，常在演講中和聽眾玩個小遊戲，測試他們對指數成長的理解程度。多數人（縱使是教育程度最高的人）都答不出來，所以你若答不出來

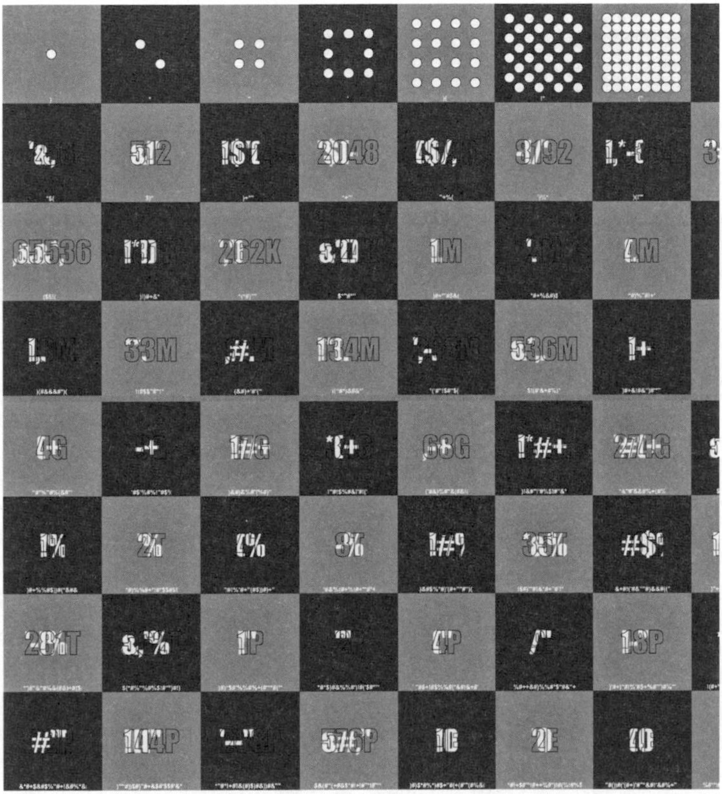

圖表 3.1 從左上方開始向右，以倍增方式依序填入 1 顆、2 顆、4 顆、8 顆、16 顆……，當數目變得太大時，我們使用二進位記數法：K 代表 Kilo（一千）；M 代表 Mega（百萬）；G 代表 Giga（十億）；T 代表 Tera（一兆）；P 代表 Peta（百萬的四次方）；E 代表 Exa（百萬的五次方）。

整個棋盤填滿的麥子數量為：
264 － 1 ＝ 18,446,744,073,709,551,615 顆，總重量為 461,168,602,000 公噸。

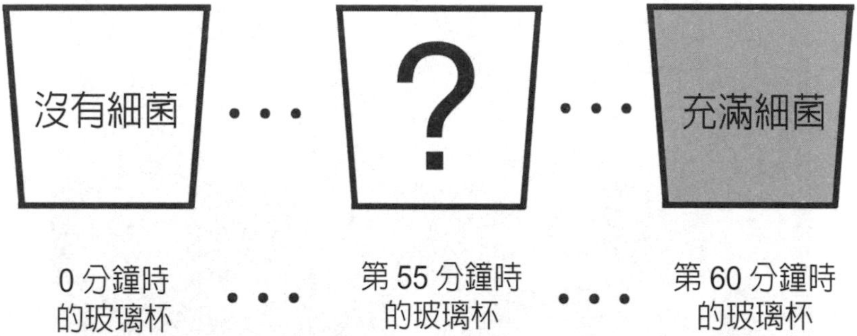

圖表 3.2 最左邊，在 0 分鐘時，玻璃杯裡沒有細菌。最右邊，細菌以倍增速度繁殖，在 60 分鐘後，經過一定次數的倍增繁殖後，整個玻璃杯中充滿了細菌。問題是：經過 55 分鐘後，這個玻璃杯中有多少比例被細菌占據？

的話，也不必心生沮喪。

想像一個空的玻璃水杯（玻璃杯由玻璃製造而成，充滿空氣，不可能是「空」的，但我們就別太過鑽研字義了），放進一些細菌，提供它們食物，讓它們繁殖。這個繁殖過程是細菌量每一分鐘增倍，六十分鐘後，這個玻璃杯就充滿細菌，但因爲已無空間可放入食物，細菌便死了。我的問題是：五十五分鐘後，這個玻璃杯中有多少比例被細菌占據？

你的答案是多少？請你找枝筆，使用空白頁面塗鴉計算，答案就在翻頁後，但我強烈建議你先別看答案，試著自行解答。祝你樂在其中！

找枝筆算算看：

我希望你眞的嘗試自行解答，因爲在互動中的學習，遠遠更有成效。若你未嘗試自行解答，那就太遺憾了！☹

歷時時間	玻璃杯被細菌占據的比例
60 分鐘	100.000%
59 分鐘	50.000%
58 分鐘	25.000%
57 分鐘	12.500%
56 分鐘	6.250%
55 分鐘	3.125%
54 分鐘	1.563%
53 分鐘	0.781%
52 分鐘	0.391%
51 分鐘	0.195%

圖表 3.3 在最後十分鐘，玻璃杯中細菌的指數成長情形

答案是：經過五十五分鐘後，細菌只塡滿三・一二五％的玻璃杯。怎麼會這樣呢？計算方法其實很簡單：若細菌以倍增速度繁殖，並且在六十分鐘時塡滿整個玻璃杯，那麼在第六十分鐘前（或者說，在第五十九分鐘後），細菌應該占據了一半的玻璃杯；同理，在第五十九分鐘前（亦即在第五十八分鐘後），細菌應該占據了一半玻璃杯的一半，也就是二五％。以此類推，圖表 3.3 列出在最後十分鐘時細菌占據玻璃杯比例的情形。

現在，你會覺得很有道理，對吧？突然間變得很清楚，甚至很顯然，誰會算不出來呢？太簡單了，是吧？顯然不是喔，因爲我最常獲得的答案介於五〇％和九〇％之間，就連大學畢業生也通常會答錯，至於政治人

物，咱們就別提了。

本書附錄B會討論一些眞實世界的例子，但現下，我相信各位應該都已經了解「穩定」成長的含義了。接下來，我們把這項概念應用到下一章的主題：資訊科技。

4 資訊科技

了解指數函數的概念後，就能以更有智識的角度來看待事物。你大概聽過「摩爾定律」（Moore's Law）吧？這個定律說，一個積體電路上能放入的電晶體數目，大約每兩年增加一倍；實際上，這就是說電腦的演算力，大約每二十四個月就會增強一倍。當全球最大的半導體晶片製造商英特爾公司（Intel Corporation）的共同創辦人高登．摩爾（Gordon E. Moore），在一九六五年發表的一份研究報告中預測這種發展趨勢時，[25]人們高度懷疑。

摩爾指出，自積體電路於一九五八年發明後，到一九六五年間，積體電路上的元件數量年年倍增，他預測這種趨勢將繼續至少十年。許多人不相信，他們說這是不正確的預測，基於種種技術上的問題，我們不能期望積體電路上的元件數量會進一步成長。但這些懷疑錯了，電腦演算力繼續穩定成長超過五十年，而且沒有任何停止成長的跡象。不過，摩爾定律並非故事的全部，科技的指數成長持續了遠遠更長的時間，積體電路只是整個科技進步變化中的一小部分而已。

知名發明家暨未來學者雷蒙．柯茲魏爾（Raymond Kurzweil），在其網站上撰文探討所謂的「加速回報定律」（Law of Accelerating Returns）。他指出，積體電路的摩爾定律，並非第一個出現的性能價格（price-performace）加速成長模式，而是第五個典範。演算裝置的演算力（每單位時間）持續倍數成長的現象存在已久，從一八九〇年美國人口普查使用的機械式計算裝置，到數學家艾倫．杜林（Alan Turing）用以破解德國納粹恩尼格瑪（Enigma）密碼系統的中繼式「炸彈機」（Bombe），到美國哥倫比亞廣播公司（Columbia Broadcasting System, CBS）用以預測艾森豪（Dwight Eisenhower）當選總統的眞空管電腦，到最早的太空發射系統使用的電晶體機器，再到柯茲魏爾在二〇〇一年撰寫此文探討此現象時使用的積體電路式個人電腦。[26]

欲了解指數成長的含義，可以參考下頁圖表 4.1 中呈現的線性成長趨勢和指數成長趨勢的比較。從圖表 4.1 可以看出，指數趨勢的成長其實是在「曲線彎點」後才開始大幅起飛，在此之前的發展相當和緩，就像西洋棋盤和國王的故事情節，在起初幾天，並沒有特別值得注意的事情發生。但在曲線開始轉彎後，情況急劇變化而失控。

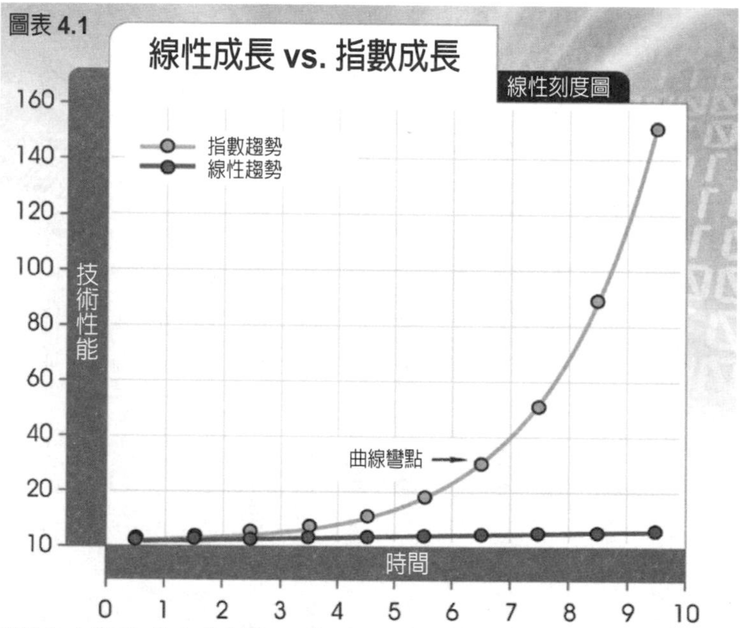

資料來源：柯茲魏爾，〈加速回報定律〉，2001 年 3 月 7 日

不過，若把相同資料繪製成對數刻度圖，原本快速陡升的指數趨勢線條就顯得徐緩多了。圖表4.1的縱軸代表數量（演算力），使用二〇、四〇、六〇的升量指標，在圖表4.2中改成了一〇、一〇〇、一〇〇〇的升量指標，所以原本在4.1線性刻度圖中一飛沖天的曲線，在4.2對數刻度圖中看起來就像直線。各位或許可以了解我們在談到指數成長時爲何會使用對數刻度圖，因爲若不使用對數刻度圖，就沒有足夠空間可以呈現曲線全貌。

更重要的是，柯茲魏爾在二〇〇一年繪製自一九〇〇年以來

圖表 4.2

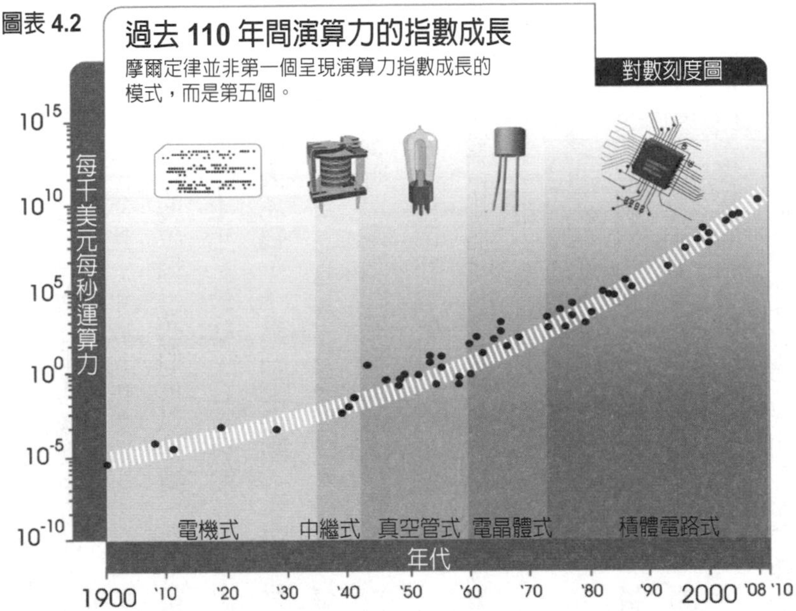

資料來源：柯茲魏爾，〈加速回報定律〉，2001年3月7日

舉世速度最快的計算機性能圖時，他注意到了相當令人驚奇的一點。記得對數刻度圖上的直線代表指數成長嗎？若你認爲指數成長已經夠快速了，那你還沒見識到眞正的快速呢，請看圖表4.2。

圖表4.2是對數圖，縱軸上的數量指標升量是一〇的五次方，亦即每個刻度上升爲十萬倍！但曲線並不是直線，而是一條升趨曲線，意味的是在對數圖上呈現了另一條指數曲線，換言之，就是在指數成長率中的指數成長。以我們剛在前文中了解的指數成長含義來看，各位應該可以想像指數成長中的指數成長有多麼驚

人。在一九一〇年至一九五〇年間，電子計算機的每單位成本演算速度每三年倍增，在一九五〇年至一九六五年間每兩年倍增，現在則是每年倍增。電腦演算力不只是成長而已，它一年比一年成長得更快。

根據可得的證據，我們可以推論，在可預見的未來，這種趨勢將會持續，或者至少將再持續三十年。最終，它將會觸及自然法則下的物理極限，成長速度將會減緩下來。但也有人認爲，一旦到達奇點（singularity），也許就能躲過這個問題。

「技術奇點」（technological singularity）係指當技術的發展速度快到令我們無法預測將發生什麼時，電腦智能將超越人類智能，我們甚至將無法了解正在發生什麼變化。這個名詞最早由數學家暨科幻小說家佛諾．文奇（Vernor Vinge）提出，後來因許多作者之筆而變得出名，其中最顯著的是柯茲魏爾的著作《心靈機器時代》（*The Age of Spiritual Machines*）和《奇點迫近》（*The Singularity Is Near*）。不過，這是一個高度推測性質的概念，其可能性的探討超出了本書主旨，我只需要在此說一句就夠了：如同我們將在後續章節看到的，未必得達到技術奇點，機器才會取代大多數人們的工作。你相不相信奇點論點並不要緊，因爲資料很明顯，事實就是事實，我們只須往前展望數年，就能得出夠警醒的結論。

「杜林測試」（Turing Test）係由非常聰穎的英國數學家暨電腦之父艾倫．杜林，在一九五〇年提出的一種思想實驗。想像你進入一個房間，房內一張桌子上擺了一部電腦。你注意到，有個聊天視窗上啓動了兩組交談，你開始在鍵盤上輸入交談訊息時，被告知你的其中一個交談對象是人，另一個交談對象是機器。隨你花多少時間交談，這個實驗要你區別哪個交談對象是人，哪個交談對象是機器。若你無法正確區別出來，那麼這機器就通過測試，被認爲是具備智能的機器。

這個實驗有許多版本，你可以和更多對象交談，這些交談對象可以全部都是機器，或者全部都是人類。你可能會誤以爲他們全都是人或機器，或誤以爲其中有部分是人、部分是機器。不論使用什麼版本的實驗，其核心原理同樣清楚：你使用自然語言進行交談，判斷你的交談對象到底是人或電腦。通過杜林測試的機器，被視爲具備人類水準的智能，或至少具備認知智能（就此論點的旨意而言，我們是否認爲其具備眞正智能並不要緊），有人稱此爲「強人工智慧」（Strong Artificial Intelligence）。

許多人認爲強人工智慧是不可能做到的迷思，因爲人腦很神祕，遠遠超過腦部個別部分的總和。他們說，人腦的運作使用了未知、而且我們可能無法理解的量子力學流程，意圖使用機器來達到或超越它的水準，根本是痴人說夢。但也有人認爲，人腦只不過是一部生物機器，和其他機器的差別不大，我們遲早可以用我們設計打造的產物超越它。這當然是個引人入勝的主題，需要非常詳盡的檢視與分析，我將來也許會寫另一本書來探討這個主題，但現下我們先繼續聚焦於我們確知的事物和未來。在後續章節中，各位將看到，機器並不需要達到強人工智慧水準，才能永久、徹底地改變經濟、就業及我們的生活情況。

下一章，我們先來探討何謂「智能」，包括智能的用處、機器是否已經變得具備智能，甚至是否可能變得比我們的智能水準還要高等。

5 智能

關於「智能」這個字詞的含義，充斥著許多困惑，主要是因爲沒有人確切知道它的含義。有人試圖對它下定義，但在面對邏輯且有論據的疑問時，這些定義仍然招架不住。《牛津英語詞典》（*The Oxford English Dictionary*）的定義如下：

智能（intelligence）：取得及應用知識和技巧的能力。

在這個廣義的定義下，我們大可把動物、尤其是類人猿，包含於「智能型」生物類，也可把電腦程式包含在內。想想谷歌（Google），它爬網頁取得知識，並且應用技巧，根據取得的知識，產生搜尋結果。另外，從這個字詞的字源，亦可看出其意涵，這個字詞源自拉丁文 *intellegentia*，意思是「作出選擇的行爲」。因此，我們可以據此對這個字詞作出補充定義：取得知識，應用技巧，及作出明智選擇的能力。

多數人在運用常識時，不會視機器具有智能。機器固然能夠根據決定性演算法或機率事件來作出選擇，但它們不了解任何東西；機器不了解它們所做之事，也不了解它們爲何做這些事。在面對機器時，使用「了解」這個字眼，聽起來很荒謬。這個字眼根本不適用於它們，不論它們做什麼，那都是它們的事，我們人類和它們不同。

這是大衆及學術圈最普遍抱持的觀點，有一個名爲「中文房間」（The Chinese Room）[27]的著名實驗例示了這個概念，但我認爲它很無聊，我想提出另一個稍微不同的例子，那是我親身經歷的故事。

幾年前的某天，在我就讀的大學，我在走廊上遇到一位朋友。他看起來興高采烈，我問他啥事這麼開心？他沒回答，只是狂笑，這令我更好奇了。當他止住狂笑，稍事喘息後，他說，上次的考試成績出來了。考試是在幾天前舉行的，這傢伙完全忘了要考試，所以在沒有準備的情況下參加考試，而且他上課時總是在睡覺，不可能使用常識來作出正確解答。

「結果怎樣？」我問。「我眞的不知道那些問題在問什麼，但我注意到那是個複選題測驗，所以我從頭到尾都塡了AC或DC的答案。」

我不禁對他作了個撫眉深思、眞是拿他沒辦法的動作，[28]但他再度狂笑，說道：「老兄，我考了八十七分。全班第二高！」

這個故事讓我們學到什麼呢？撇開令人半信半疑的上帝之手介入假說不談，我的這位朋友顯然並不了解那次考試中的任何內容，但在教授眼中，他很聰明，是全班第二聰明的傢伙，至少就該科目而言是如此。然而，回答出正確答案者，並不代表他們眞的了解問題，也許是他們夠幸運，或是他們懂得運用一套規則來獲得結果，但只要你把題目內容稍微改變，他們就會慘敗。

有人稱此爲「語意學」（semantics），這個字詞源於古希臘文 *sēmantiká*，中性複數爲 *sēmantikós*，主要研究語詞的含義。但究竟是什麼賦予含義呢？我們能客觀地衡量含義嗎？我不認爲我們能夠做到這點。事物、情況和語詞全都是無生命的東西，它們本身沒有目的、沒有本質意義，是「我們」賦予它們含義。若你不相信我這個論點，不妨試試看下列這個實驗：從你的皮夾裡取出一張大額鈔票，它其實只是一張紙，一層薄薄的纖維膜，上頭有一些油墨印刷，本身並沒有價值、含義或目的。接著，你把它丟到路上，我可以向你保證，它不會躺在那裡太久，那是因爲我們賦予這張紙含義，我們經過集體約定後賦予它特定價值。然而，這張紙根本不會在意它是否繼續躺在那裡，抑或被撿起來。

現在，請把這個論點套用在電腦上。電腦可以展現出智能行爲，它們能產生正確結果，而且有時它們在這方面的表現遠優於許多人。它們甚至具備高水準的技能，例如會使用語言、會說雙關語，也會創作樂曲等（參見後文）。但我們如何知道它們是否言出有意，眞的了解它們作出的言詞的含義？我認爲我們並不知道。有可能是我們無法得知，因爲這項疑問根本不適用於它們。

智能也許不是一種和其存在環境完全無關的絕對所有物，其他人、事、物是否具有智能，全在於我們的觀點。如同麻省理工學院教授、人工智慧專家羅德尼・布魯克斯（Rodney Brooks）所言：「有沒有智能，全憑觀察者的認知而定。」[29]

無論如何，這絕對是引人探討的一個主題，已有一些關於此主題的優異書籍問市。[30]但在探討機器的「智能」將如何深遠地改變我們的文化，以及將如何顯著改變我們的經濟和生活方式時，這並不重要。從純粹實務角度而言，如果我們的目的只是要完成一件工作，那麼執行此工作者是否眞的具有「智能」，或是否眞的了解發生什麼事和爲什麼，根本不要緊，我們只關心結果和成功率。

我知道，我們並沒有解決爲「智能」下定義，以及證明機器是否眞的具有智能的難題。但我們已經把焦點轉移到一個務實的態度上，讓我們衡量實用性，而非含義。下一章，我們將探討人工智慧的領域，或者說，機器有智能地執行工作的能力。

6 人工智慧

我必須坦承，在選擇這本書的書名《機器人即將搶走你的工作》時，我沒有完全誠實。機器人最終將搶走你的工作飯碗，但在此之前，會先發生其他事。事實上，這些事情已經發生了，其席捲程度遠超過任何實體機器所能做到的程度。你應該猜想得到，我說的這些東西就是廣泛的電腦程式，如自動化規劃與排程、機器學習、自然語言處理、機器感知、電腦視覺、語言辨識、情感運算、運算創意等，這些全都是不必應付機器人所必須面對的棘手人工智慧技術領域。改進一套演算法，比打造一部更好的機器人要容易得多，所以這本書的更合適書名應該是《機器智能與電腦演算法已經在搶走你的工作，在未來還會搶得更兇》，但這個書名不大吸引人。

拜好萊塢電影所賜，大眾對智慧型機器的認知是：能夠執行我們的日常工作的擬人機器人。其實，多數的智慧型媒介並不需要具備實體，它們大多以演算法的形式運作，最擅長資料分析與彙整。令人比較意外的是，把女傭的工作自動化，遠比用機器取代醫事放射師還要困難。[31]醫事放射師的專業是分析各種醫療掃描技術器材產生的影像，薪資待遇不錯，工作時間固定，週末不需要工作，沒有緊急性，因此是頗受新出爐醫師青睞的一個領域。

但比較不利的層面是，它的工作內容具有高度重複性。高中畢業後，必須歷經至少十三年的學習和訓練，才能成爲一名合格的醫事放射師，但是這份工作很容易被自動化。[32]想想看，這份工作的主要內容是分析、評估影像，數值通常直接來自電腦化的掃描器材，因此定義明確。這是一種封閉型系統，有確知且大多已經明確定義的變數，工作流程具有高度重複性。這等同於一個資料庫（至少十三年的學習與訓練），連結至一個視覺辨識系統（醫事放射師的大腦）——這是如今已存在且應用於許多地方的一種流程。

現在的視覺型態辨識軟體已經非常先進，谷歌的圖片搜尋服務就是一個例子。你可以上傳一張圖片到該搜尋引擎（參見圖表6.1及圖表6.2），谷歌使用電腦視覺模擬技術，把你的圖片拿來和谷歌圖片索引及其他圖片集中的圖片比對，試圖從這些比對中產生對你的圖片內容描述的「最佳推測」，並找出和你上傳的圖片有相同內容的其他

圖表 6.1 谷歌圖片搜尋首頁。在搜尋欄位的最右邊有一個相機圖示，點選該圖示後，就能上傳你的圖片，進行以圖搜尋。

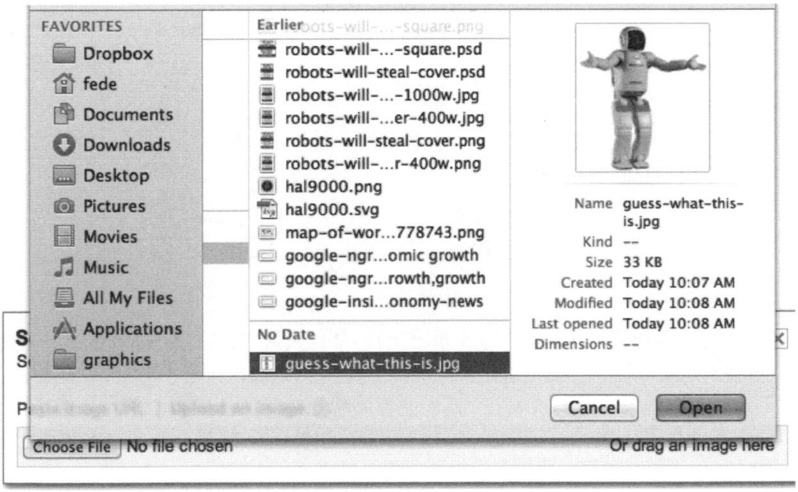

圖表 6.2 我上傳了一張圖片，檔名為「猜猜看這是什麼 .jpg」。

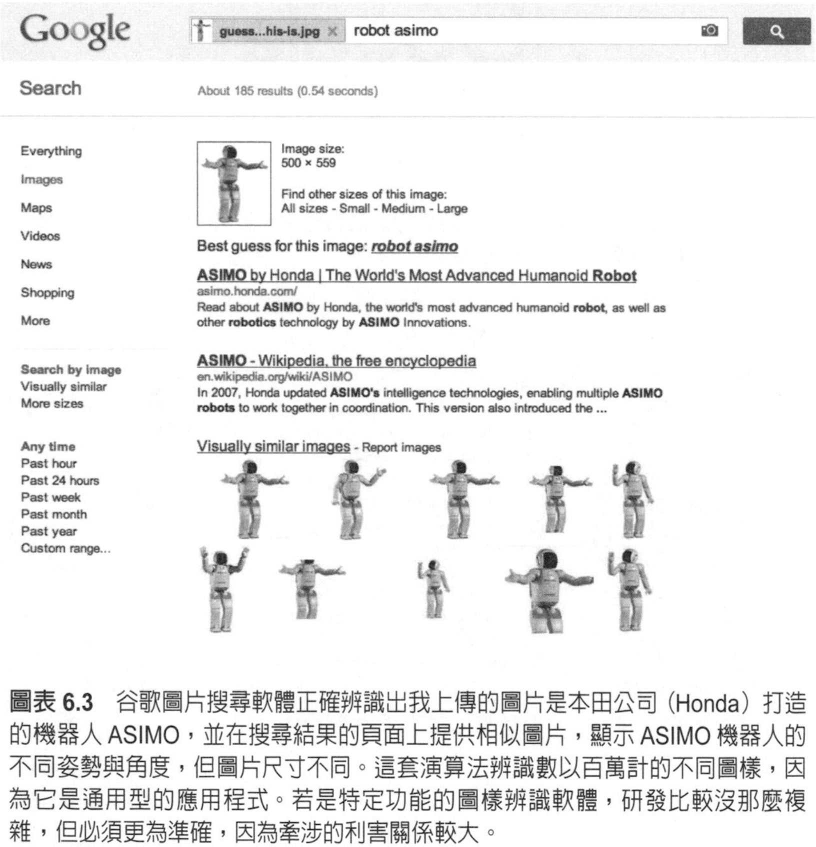

圖表 6.3 谷歌圖片搜尋軟體正確辨識出我上傳的圖片是本田公司（Honda）打造的機器人 ASIMO，並在搜尋結果的頁面上提供相似圖片，顯示 ASIMO 機器人的不同姿勢與角度，但圖片尺寸不同。這套演算法辨識數以百萬計的不同圖樣，因為它是通用型的應用程式。若是特定功能的圖樣辨識軟體，研發比較沒那麼複雜，但必須更為準確，因為牽涉的利害關係較大。

圖片（參見圖表6.3）。

如今，許多政府已經有軟體能視覺分析安檢照片，以幫助在機場辨識恐怖分子。[33]倫敦及其他許多城市的閉路電視攝影機，具備追蹤人們臉孔的先進系統，幫助警察辨識潛在罪犯。[34]

放射線成像解讀的工作，如今已經可以離岸外包到工資成本爲美國十倍低的印度及其他國家，[35]你認爲距離把工作委託給完全不收取酬勞、只須獲取一些電力的「工作者」的境界，還需要經過多久時間呢？

相形之下，不需要什麼教育程度、也不需要特定技能的家事女傭工作，對機器人而言反而是高度複雜的工作。機器人將需要在3D環境中具有嫻熟的運動技能和協調性，它必須辨識數千種不同的物體，能夠在房屋裡移動自如，能夠上下樓梯，極小心、謹慎地施力，每秒鐘作出數百萬個決策，而且還要非常省電，同時得比家事女傭的鐘點費十五美元更便宜。目前，這類機器人最先進的機型是本田公司打造的ASIMO，成本高達數百萬美元，而且無法做到像一般家事女傭那麼好的程度。

便宜、可靠的擬眞機器人終將問世，但截至目前爲止，這類技術仍處於人工智慧時代的嬰兒階段。

更聰明、更好、更快、更強大

你可能認爲電腦很笨，因爲它們無法像我們一樣理解事物。的確，你向學步幼童出示一張照片，他們馬上能告訴你照片裡的東西是人、書或貓，電腦的運作方式並非如此，電腦程式很難使用相同於人類的方式去辨識型態。我們能夠全觀地看著照片，輕易辨識出已知的型態，我們很擅長這件事，因爲人類進化出這項獨特的能力，使我們具有相對於其他物種的生存優勢。但電腦程式的進化方式不同於人腦，其運作方式也非常不同於我們。電腦程式能夠執行複雜的數學計算，能在一秒內解數百萬條微分方程式，而我們許多人連最基本的算數都應付不來。對人類而言易如反掌的影像解讀，至今仍是人工智慧技術的一大挑戰。[36]電腦分析資料，我們解讀個中含義，這種模式存在了許久，但現在仍是如此嗎？

人工智慧領域近年的發展之一——機器學習應用程式，已經改變了這種情形。過去二十年，我們已經設計和改良了能像人類一樣從經驗中學習的種種電腦數學演算技術，其背後原理很簡單：在不需要刻意編程的情況下，訓練電腦程式自行學習。怎麼做到這點呢？有很多種方法：監督式學習與非監督式學習、增強式學習、轉導式學習，它們有多種變化與結合。每一種方法應用特定的演算法，你可能已經知道其中一些演算法，例如神經網絡（neural network），但其中多數演算法可能聽起來令你覺得生疏、艱澀，例如支持向量機（support vector machine）、線性迴歸（linear regression）、單純貝氏分類法（naive Bayes classifier）等。

不過，你不需要知道這些方法的細節，你只要知道一個主要概念就好：就像我們透過經驗學習，這些程式也是一樣，它們已經進化了，可能已經不再像從前那樣，和我們有那麼大的差異了。

演算法改變世界

學習演算法的準確度與性能天天都在進步，五、六年前，它們很鬆散，得出的結果很差；如今，情況快速改變。從前，不論你身在何處，每個人使用谷歌搜尋獲得的結果都相同；如今，可能每個人獲得的谷歌搜尋結果都不會一模一樣，你獲得的是個人化的搜尋結果，系統進行搜尋後呈現給你最可能感興趣的網頁，這是根據多項標準演算出來的結果。

比方說，你現在想搜尋披薩店。谷歌搜尋引擎的演算法檢視你的ＩＰ位址，使用全球定位系統（ＧＰＳ）技術定義你的地理位置，呈現你的所在地的最優先搜尋結果。如果你有谷歌帳號，他們會檢視你先前所有的搜尋歷史、你曾經點選過的連結、在何時點選、點選了多少次、你造訪最多或最少次的網域等，他們也會知道你是男性或女性、年輕或年老，並且根據這些資訊將搜尋縮窄至更個人化的結果。

如果你有 Gmail 帳號，他們會知道關於你的習慣、你造訪過的地方、你希望造訪的地方、你經常交談的對象等，然後交叉參照搜尋，善加利用這些資料。當然，這裡所謂的「他們」，並不是指任何人，沒有人會去看你的個人檔案、你的數據資料、你的搜尋歷史或你的習慣，這將違反隱私法。我所謂的「他們」，指的是「電腦程式」。前述情節每天發生幾十億次，每次只須使用毫秒或更少的時間。除了不能讓任何人去做這些事，以免違反隱私法；事實上，也不可能以人爲監督方式做到這些事。但這些程式天天都在學習有關我們的新事物。

另一個重要的差異是，電腦能夠學習得更快，學習量也幾乎沒有上限——因爲電腦運算力和記憶體容量分別都呈現指數成長。教一個小孩學習語言、讀寫文字、辨識東西，必須花上數年的時間。學習高階技能需要花費的時間更長，想成爲一名合格醫師，必須花費二十幾年的時間學習並累積經驗。若某天這位醫師死了，或是決定不再工作，或者要長久休假或退休了，必須再花上另外二十年來培養取代他的人。醫學專業也許明顯進步，但要達到現有水準所需經歷的時間，並無多大變化。反觀電腦就沒有這些限制，一開始也許會花很多時間，但一旦獲得進展，就會在整個網絡中散播。

另一部電腦不需要從頭學習一切，只須連結到現有網絡，截取其他電腦取得的資訊即可。

當然，使用什麼演算法非常重要，如果演算法很差，就不會得出好成果。但是，在過去十年，真正作出重要貢獻的，是可供我們使用的龐大資料量。我們被種種資料淹沒，資料量多到我們沒有足夠的腦力去分析、理解全部資料。過去幾年，來自各種源頭的公開資料湧現，包含政府單位、非政府組織、公立圖書館，以及即時蒐集民眾資料的私人部門網站。我們只是平凡地過著生活，就創造出這個巨量的集體知識資料庫。我們發布的每一條推文、進行的每一個搜尋、上傳的相片、在社群網站上加入的朋友、造訪過的每個地方、撥打的每通電話等，全都在餵養這部經由全球各地數十億台透過網際網路彼此連結的電腦所形成的巨大、分散式超級電腦。

你可能想知道，人工智慧系統已經發展到什麼程度了？是否已經達到人類水準的智能？若還未達到，有朝一日會達到嗎？現在，已經有哪些人工智慧技術了？

就目前而言，你可以放心，人工智慧系統離人類水準的通用型智能（general purpose intelligence）境界還遠得很。不過，它們進化快速，有人預測到了二〇三〇年，它們將達到此水準，甚至超越人類的智能。[37]也有人不認同這種預測，誰對誰錯，只有時間能告訴我們。

此時，我們能確知的是，在特定功能型智能（task-specific intelligence）方面，已經有超越人類水準的人工智慧系統了。下一章，我們要探討的主題便是自動化的發展現況。

7 自動化的發展現況

我們已經了解指數成長的含義，也看到過去一百五十年間的資訊科技發展與成長情形，現在讓我們來看看這些成長已經把我們帶到什麼樣的境界。

我在二〇一一年十月決定撰寫這本書後，就開始爲本章主題蒐集證據，迄今已蒐集了三百多篇文章，全部來自有聲譽的可靠來源。這些文章描述行爲像我們的機器、思考力優於我們的電腦，以及執行極其複雜工作的機器人。我用新聞訂閱天天蒐集大量消息，尋找新的東西，把它們加入我的清單。但是到了某個時間點，我認知到我必須停止，因爲這種趨勢永無止境，雖然我沒有預期到它會成長得這麼快，我再次低估了指數函數的威力。

隨著這張清單快速膨脹，我決定先停止，完成此書並出版，否則會沒完沒了，永遠無法完成。爲了提供讀者最新發展，我會繼續在 robotswillstealyourjob.com 網站上張貼新資訊。在這本書，我不打算提供冗長乏味的技術清單，我只討論我認爲和本書主題最相關、最切題的幾項自動化技術。

自動化購物

或許你不這麼認爲，但自動販賣機其實是機器人的原型。它們的功能很簡單，主要是儲存貨品，有一個電子螢幕，收錢，然後供應你購買的貨品。這是三十年前問世的技術，自那時起，至今並無多大進展。是嗎？在歐洲及美國，我們對自動販賣機沒有思考太多，這是因爲我們並未認眞看待它們。但在日本，人口密集度高，空間有限，人力成本高，任意破壞公私物的行爲或偷東西之類的微犯罪率低，民衆大多騎腳踏車或步行去購物，他們很認眞看待自動販賣機。

日本目前約有八六〇萬台自動販賣機，平均每十四人就有一台，人均數舉世最高。[38]自動販賣機的日語簡稱是「自販機」，廣布於日本各地且販售各種商品，不只是報紙、零食、飲料，也販售書籍、DVD、保險套、冰淇淋、熱食泡麵、米飯、雜誌、眼鏡、水煮蛋、雨傘、領帶、拖鞋、蔬菜、iPods、活龍蝦、溫泉水，甚至佛珠。看到這些商品，我們可能會覺得有點好笑，但各位不覺得這其實滿有道理的嗎？街角有小賣店，店老闆總是面帶微笑，對自家販售的商品瞭如指掌，能夠爲顧客提供快速指引和協助的那個時代，正在快速消失。

今天，多數實體商品的交易，發生在購物商場和大型連鎖超市。這些公司的收銀員是兼差性質，他們兼了好幾份差事，因爲一份工作無法獲得足夠收入，供他們繳房租、支付醫療費用、學費、抵押貸款等開支。事實上，把購物商場裡的多數事務自動化，對社會而言是很合乎道理的，但問題是，這麼一來，現今在購物商場裡工作的人，將因此深陷財務困境。

想像你走進一家商店，你的手機裡有互動式導覽圖，顯示什麼商品陳列在什麼位置。你可以搜尋商品，以類別過濾它們，取得一項商品的所有資訊（不只是營養成分而已），你還可以追蹤查詢該項商品的製造流程，以及參與製造流程的公司，並且根據你的搜尋標準來比較各種商品。你也可以閱讀其他人對這些商品的評價，就像人們在亞馬遜網站（Amazon.com）對商品作出的評價那樣。在你選購完畢後，你在結帳區稍停，讓機器讀取商品上的無線射頻識別（ＲＦＩＤ）晶片發射出的資訊訊號，然後你讓機器掃過你的信用卡，或是在手機上接受付款。從你完成購物、決定離開商店，到你實際走出商店，整個結帳流程花不到十秒，不使用任何人力，不必排隊，不必等候。

你覺得這聽起來像未來世界嗎？促使這種情境發生所需要的種種技術已經存在，而且存在了許多年。那麼，爲何這種情境還未發生呢？爲何我們還未見到這種趨勢擴展至所有零售店呢？是因爲使用這種系統所費不貲嗎？其實，使用這種系統比雇用人力做這些工作遠遠更爲便宜。有人說：「因爲我們需要人際接觸！有些附加價值是只有人類員工才能提供的，不是嗎？」嗯……，各位可曾在購物商場工作過？那工作令你很有幹勁嗎？你做了多久？也有人說：「因爲需要人類工作者把商品放到貨架上！」喔，就連這項工作的自動化技術，都已經存在了呢，只是問世得比較晚些。有些倉庫的作業已經完全自動化了，只需要操作員處理整個工作流程，貨板及貨品在自動化輸送帶、起重機、自動化存取系統上移動，這些系統由可編程邏輯控制器和使用物流自動化軟體的電腦來統籌與協調。它們的準確性與生產力遠高於人力，這些機器更快速、更準確，能夠舉起巨重，不會產生背部傷害的問題，而且它們能夠日夜工作，並不需要太多維修。

亞馬遜網路公司在二〇一二年以七億七千五百萬美元收購奇華系統（Kiva Systems），後者專門打造在倉儲中心執行訂單揀貨作業的橘色機器人。[39]有線電視新聞網（CNN）製作了一支影片介紹這些機器人的作業情形，令人嘖嘖稱奇。在龐大的倉庫中，數以百計的橘色機器人以精準的時間和準確度穿梭運送商品，彷彿隨著以

1和0編寫的靜默音樂起舞。這些機器人聰明到能夠根據商品的需求頻率、重量，以及其他許多標準來作出考慮，把商品擺放在最便利的位置與距離，而且它們每週工作七天，天天工作二十四小時，從不出錯。想把相似的自動化系統應用到超市和購物商場，在工程技術上可謂不成問題，幾個月內就能輕鬆解決。既然可以做到，爲何我們還未目睹這種情境發生？

特易購（Tesco）是全球營收額第三高的大型零售商，僅次於沃爾瑪（Walmart）和家樂福（Carrefour）。若以獲利來看，它是全球第二大，僅次於沃爾瑪。特易購在南韓的市占率很高，它在南韓使用的品牌名稱是Home Plus，僅次於E-Mart，主要是因爲E-Mart的商店數量比較多。特易購想要提高它在南韓的獲利，傳統上，爲了達到此目的而採行的方法是設立更多商店，在南韓市場達到與E-Mart旗鼓相當的普及率，但該公司選擇訴諸不同策略：使用更多的自動化系統，雇用較少員工。

想像你是南韓的上班族，爲了烹煮當天的晚餐，你需要一些雜貨，但你沒有時間去買。在等候下一班地鐵時，你看到地鐵站的牆上用螢幕展示了很多商品，一如超市的貨架。你用手機掃描自己想購買的商品上的QR code，然後結帳，等到你回到家中時，你買的雜貨已經送到你家門口。眞是多麼便利，不是嗎？這種實驗的成果已經出現：在二〇一〇年十一月到二〇一一年一月間，線上業績增加了一三〇%，註冊會員數增加了七六％，Home Plus 變成南韓第一大線上超市，並且成功提高其非線上市場的市占率。[40]

這種持續趨勢有可能導致經濟不穩定。想想將受此趨勢衝擊的無數工作者，如果沃爾瑪系統化地採行這種技術，把補貨、購物、遞送等流程全都自動化，對目前的受雇人員將帶來極大衝擊，他們當中的多數人將不可能找到另一份工作。一般人並不了解沃爾瑪的規模有多大，它是現今全球最大的零售商，但它的「大」遠非僅止於此。這個商業龍頭的財力、足跡及員工人數，令許多產業與國家相形之下猶如小巫見大巫。[41]該公司年營收四二一〇億美元，使全球一百七十多個國家的ＧＤＰ額相形失色；它的員工總數高達二一〇萬人，能形成全球第二大的常備軍。沃爾瑪二〇一〇年的營收額，比美國最大的石油公司、製造公司和製藥公司還要高，就算把雪佛龍（Chevron）、奇異集團（General Electric）和輝瑞大藥廠（Pfizer）這三家公司的營收額加起來，仍然低於沃爾瑪的營收額。換個角度來看，若沃爾瑪是一個國家，它的ＧＤＰ將排名全球第二十五大經濟體，其ＧＤＰ是愛爾蘭的兩倍。若是沃爾瑪推行積極的自動化策略，不出幾年，就能在雇用不到十萬名員工的情況下輕鬆營業。但這麼一來，就會有兩百萬人失業，這些人大多是教育程度不高、技能水準不足的工作者，他們的收入要從何而來？如何溫飽？他們的家人該怎麼辦？

過去，我們看到自動化取代人力，技能水準低的工作者湧向沃爾瑪之類的地方找一份容易(但很不滿意)的工作。這是所謂的現代文化中許多未被說出口的悲劇之一，一個人能夠懷抱的最大渴望是找到一份呆板、單調的工作以求溫飽，這樣的想法對任何個人的尊嚴都是一種侮辱。從出生的那一刻起，每個人都是無價的傑作，有潛力成就超越我們現今所能想像的境界。認爲我們應該維持著一個阻礙創新與自動化的經濟制度，以保存那些單調、重複、不需要動腦筋的工作飯碗，這種觀念非常沒有遠見，深深地依戀著我們已經過時的機制。

如果沃爾瑪開始推行自動化（我相信他們將會這麼做），購物產業將永久、徹底地改變。這將是無可逆轉的過程，被機器取代的工作飯碗將不會回復。但是這些工作消失後，數百萬的人們何去何從？

在討論可能的答案之前，讓我們先繼續對其他自動化的發展現況擁有多一點了解。

自動化生產

製造業自動化的降臨，廣爲世人熟知。自我們開始使用機器來提高生產力，已有一世紀的歷史。以汽車工廠爲例，福特汽車公司（Ford Motor Company）在一九〇八年至一九一五年間發展的組裝線，大幅推廣了自動化組裝線的生產模式，大量生產促成了空前的社會轉變。這種製造模式猶如賦予古拉丁諺語「分而治之」（*divide et impera*）新意：我們可以把長而困難的工作，區分成許多小而簡單、容易執行的呆板作業。這種製造方法和機器在一起運作得很好，於是高生產力的人機合作模式持續了一整個世紀。

機器人取代人類工作者，但我們總會找到別的工作，主要原因有二：

- 沒有足夠時間調整、學習新技能；
- 有些作業太複雜，機器做不來，或是打造能夠執行這類工作的機器，必須花費太高成本。既然有便宜的人力能夠輕易地用更低成本來完成這些工作，何必辛苦去打造什麼複雜的機器人？

但這是從前的情況，現在不一樣了，人力不再便宜，人類的發展已經來到大規模發生的時代。人們合理地要求自身權益，儘管以今天的標準來看，現在仍有無數人的工作條件可能被視爲形同奴隸，但就整體而言，世界各地的工作條件與水準持續提升，就連在低度開發的國家亦然。另一方面，演算技術持續指數成長，機器人技術快速發展，如今機器的打造（即使是執行複雜工作的機器）變得愈來愈便宜，我們已經目睹這種效應發生在世界各地。

富士康（Foxconn）/台灣鴻海科技集團，是全球最大的電子元件製造商，也是大中華地區的最大出口商，[42,43] 年營收超過一千億美元。[44] 該公司製造的品項種類多不勝數，若你擁有 iPad、iPhone、Kindle、PlayStation 3 或 Xbox 360，極可能是富士康製造的。若國營事業及國家的公共服務部門不計算在內，富士康是全球第三大雇主，員工數一二〇萬人，僅次於沃爾瑪（二一〇萬人）。[45] 該公司的承包合作對象包括宏碁、亞馬遜、蘋果、思科系統（Cisco Systems）、戴爾（Dell）、惠普科技（Hewlett-Packard）、英特爾、微軟、摩托羅拉（Motorola）、任天堂（Nintendo）、諾基亞（Nokia）、三星（Samsung）、索尼（Sony）、東芝（Toshiba）等幾乎你能想到的任何一家知名科技公司。富士康不是一家公司，它是一頭巨獸，一個電子業超級巨人，雙手包辦全球近半數這類科技的產量。[46]

若富士康的一二〇萬名員工被機器取代，許多人的境況將會很慘。富士康公司創辦人暨董事長郭台銘在二〇一一年宣布，該公司打算布署機器人大軍：「在三年內，以一百萬台機器人取代部分人力，以降低人事成本、提升效率。」[47] 富士康是否眞的會貫徹這項計劃，有多少員工將被機器人取代，我們不得而知，但這項計劃顯然已經啓動，台灣的研發單位和工廠自行打造機器人，目前已經雇用兩千多名工程師來推動這項計劃。[48] 顯然，富士康致力於將部分事業自動化，這應該不足爲奇，爲什麼不這麼做呢？機器人比人類工作者更便宜、可靠，不會要求休假，不會自殺，也不會抗爭要求更多權益。機器人能夠確保公司的獲利，這對一家跨國企業和其股東而言最爲重要。

西方世界的新聞媒體大幅報導了富士康員工的自殺潮後，有關該公司營運的謠言與故事開始散播。二〇一〇年，有十四名富士康員工死亡，中國二十所大學共同撰寫了一份報告，把富士康公司的工廠描繪成勞動營，詳述種種苛刻的員工待遇和違法加班情事，[49]內容包括員工宿舍過度擁擠狹小、工時過長且疲勞等。保全人員毆打員工致死，暗示了在那些工作場所發生的情形，這些情節敘述突破了中國的審查防火牆，傳到我們的數位商店。[50]在美國及歐洲爆發抗議行動，要求改善工作條件後，富士康的高階主管作出了令人毛骨悚然的回應：他們會在廠房內設置自殺防護網，以接住跳樓自殺者（我不是在開玩笑），並承諾提高深圳工廠員工的工資。但他們還採取了其他行動：要求員工簽署具有法律效力的文件，保證萬一他們自殺、自我傷害或意外死亡，他們及家屬不會對公司興訟。[51]

這個故事最悲哀的一面，並不是富士康員工在可怕的條件與環境下工作和生活。眞正令人訝異的是，事實上，相較於一般的中國公司，富士康提供的工資更高、工作條件更佳，員工的自殺率更低，[52]只不過富士康的故事上了新聞，令我們突然憤慨起來罷了。其實，這沒什麼值得好驚訝的，這就是目前社會經濟制度的本質之一：效率與獲利被視爲比人們的生活更重要。

朝自動化方向推進的公司，並非只有富士康。佳能（Canon）在二〇一二年六月宣布，該公司的一些相機工廠將逐步淘汰人力，以降低成本。該公司預計在二〇一八年將日本四座製造廠轉爲自動化生產模式，期望降低製造成本，同時提升國際競爭力。公司發言人否認此舉意味裁員，他告訴美聯社（The Associated Press）記者：「當機器變得更進步、純熟時，人類可以改做新類型的工作。」[53]這些都是好聽話，我懷疑它們不是眞話。

組裝線工人執行單調、反覆、不大動腦筋的相同工作多年，他們在進入工廠工作前，都是進化與天擇之下的傑作，具有想像力，有夢想，也有抱負。他們有無限的可能性，可以成爲藝術家、科學家、音樂家，成爲推動人類發展的各種新發現的推手。但在工廠工作了幾年後，他們變成只不過是移動機件的另一雙手，原本的夢想束之高閣，現在的希望與抱負降低到只剩下求得又一個月的溫飽而已。我不認爲這些人在突然間能夠改當工程師、工業設計師、業務經理或電腦科學家等，而且前提是佳能公司將大量增加這類職缺（當然是不可能）。

富士康與佳能，只不過是無數例子中的兩個。以機器人取代人力的趨勢，在中國愈來愈明顯，[54]現在就連大報都察覺了。《紐約時報》在二〇一二年九月十四日，以六頁篇幅刊登了一篇名爲〈機器正在接管〉("The Machines Are Taking Over")的報導。[55]《華爾街日報》(*The Wall Street Journal*)在二〇一一年刊登了〈爲什麼軟體正在吞食全世界?〉("Why Software Is Eating the World")這篇報導，來探討相關議題。[56]我相信，在不久的未來，這類文章將有增無減。

趨勢很明顯，製造業公司正在推行自動化，「人們會找到別的事做」這類話，不過是逃避性推辭，不願意正視現實：變化發生得太快，被機器取代的多數工作者，並沒有足夠時間學習新技能。當然，我們也許能夠創造出數量相當於被機器取代的工作數量的新就業機會，但我非常懷疑這種可能性，後續在第九章會有更多討論。

3D列印

你在家中和一群朋友舉辦派對，其中一人喝多了，摔壞了一個玻璃杯。通常，你必須去外面再買一個，或者上網訂購一個，但現在你也可以用電腦下載玻璃杯的電腦輔助設計（Computer Aided Design，CAD）檔案，按下列印鍵，看著你的3D列印機複製出一模一樣的玻璃杯。這件事很酷，但還不到改變遊戲規則的程度。

現在，想像你是一艘貨櫃船的船長，幾天前，這艘貨櫃船從中國出發前往舊金山。目前，你置身於太平洋上，船卻突然停止不動。首席工程師來到駕駛艙告訴你，引擎有一組機件壞了，但沒有備用零件，無法更換。你知道這艘船停擺了，你只能求援、等待，延誤交貨期限，損失很多錢，很糟糕。但現在不同了，如果你有一台 3D 列印機，你可以選取檔案，列印出這組機件，用來修復引擎。不出一小時，你的船就能夠繼續航行，這才眞的叫酷！

這就像電視影集《銀河飛龍》（*Star Trek: The Next Generation*）裡的複製機（replicator）。[57]「茶，伯爵茶，要熱的」，許多粉絲應該對畢凱艦長（Captain Jean-Luc Picard）常對食物複製機說的這句話耳熟能詳。只要說出任何你想要的東西，這個東西就會出現在你的眼前，我們離此神奇科技的問世還要多久呢？

如今，3D 列印機是一個已有數十億美元市場的產業，而且正在快速成長。[58] 從 DIY 的開放源碼模型，到先進的商用型產品，3D 列印機的種類繁多，價格從數百美元到數萬美元不等。3D 列印機的背後原理其實很簡單，就像一般的噴墨或雷射列印機，它們讀取你的電腦裡的一個檔案，然後操作物質，製造出你想要的東西。唯一的差別是，它們能夠三維列印，而非二維列印，而且它們能使用許多不同的材質。

3D 列印機已被用於快速打造原型和快速製造，許多 DIY 的熱中者及駭客純爲樂趣地在自家使用 3D 列印機。雖然這類機器目前還未能複製所有商品，但是正在穩定地發展中。開放源碼計劃 RepRap（replicating rapid prototyper）的巨大成功，創造出

圖表 7.1 電視影集《銀河飛龍》中的複製機，正在製造一個馬克杯。

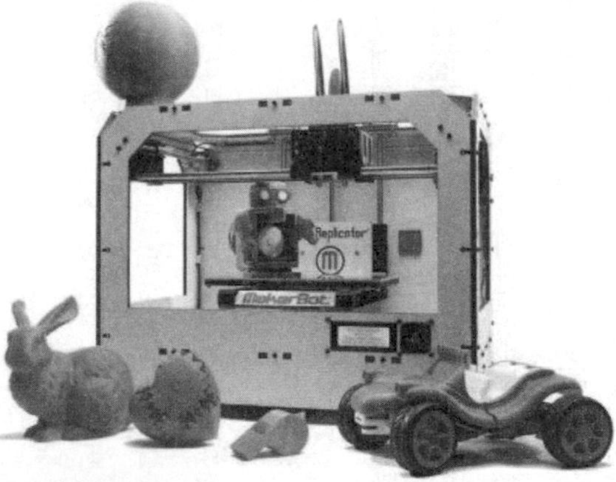

圖表 7.2 價格不貴的 Replicator 3D 列印機，能夠列印出彩色物件。

大量的 3D 列印機，這都得歸功其開放、自由和傑出的社群。這裡列舉一些價格低於一千歐元*的 3D 列印機：MakerBot 的 Thing-O-Matic 和 Replicator、Ultimaker、Shapercube、Mosaic、Prusa、Huxley、Printrbot，它們全都是在幾年間陸續問市的，如果你購買散裝組合自行組裝，不到三百歐元就能買到一套。

價位較低的 3D 列印機目前仍較爲受限一點，在解析度（可以看到不完美之處）和可使用的材質（大多是塑膠）方面都受限。但商用型 3D 列印機就不同了。在本文撰寫之際（二〇一二年），最先進的 3D 列印機具有十六微米的精確度，[59]也就是〇・〇一六公釐！人眼的解析度極限大約是一百微米，iPhone 4S 的「Retina Display」螢幕技術像素寬度是七八微米，[60]這麼比較，各位就能了解這些先進的 3D 列印機的解析度有多高了。

這類較高階的 3D 列印機能夠列印多種材質，例如 ABS 塑膠、聚乳酸（PLA）塑料、聚醯胺（尼龍）、玻璃填充聚醯胺、光固化成形材質（環氧樹脂）、銀、鈦、蠟、聚苯乙烯、陶、不銹鋼、光聚合物、聚碳酸酯、鋁，以及包括鈷鉻合金在內的種種合

*依二〇一五年十二月的匯率換算，一千歐元約爲新台幣三萬四八五七元，三百歐元約爲新台幣一萬〇四五七元。

金。[61]你可以彩色列印，甚至可以打造出比其他任何製造技術都要複雜或不可能製造出來的結構。[62]你可以列印出可活動的組件、各式鉸鏈，甚至是零組件的元件。

3D列印機並非只用於取代一般製造法，人們已經使用3D列印機列印出看起來很酷的個人義肢、[63]骨頭一般的材質，[64]甚至是人體器官。[65,66]

使用3D列印機來改善人類生活的一個很令人振奮的例子，來自資深義肢設計師史考特・薩密特（Scott Summit）團隊。這支由工業設計師與整型外科醫師所組成的團隊，肩負的使命是爲先天或意外的失肢者提供敏感且個人化的服務。套用他們的話：「我們每個人的身體都是獨一無二的，就像我們的品味與風格，人類絕對不是一體適用的。我們體認到這個事實，爲顧客打造個人化的義肢，希望能讓顧客和義肢建立情感，有自信地穿戴它們，作爲自我表現的形式之一。」[67]

我預期，我們很快就會看到這類機器的品質快速提升、成本顯著降低，變成日常商品像微波爐一般存在，在多數家戶中都可見到。iTunes、安卓（Android）、亞馬遜網站之類的市場也會跟進，再加上它們的「盜版」，以及開放源碼的競爭者；事實上，開放源碼社群已經領頭（而且一直是領頭者），用戶自創設計檔案分享平台Thingiverse網站上，目前有數十萬個自由分享的設計檔案供人們下載、列印或加以改進。[68]知名BT下載網站海盜灣（The Pirate Bay），在二〇一二年宣布開闢名爲「Physible」的新專

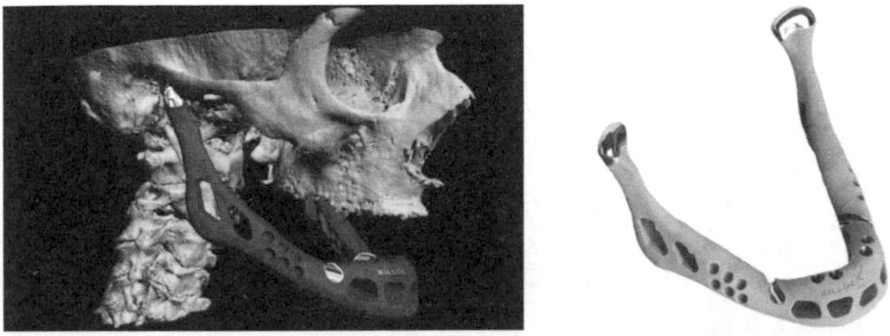

圖表 7.3 3D 列印機打造的下巴，安裝於 83 歲女士的臉部，醫師群說這是創舉。

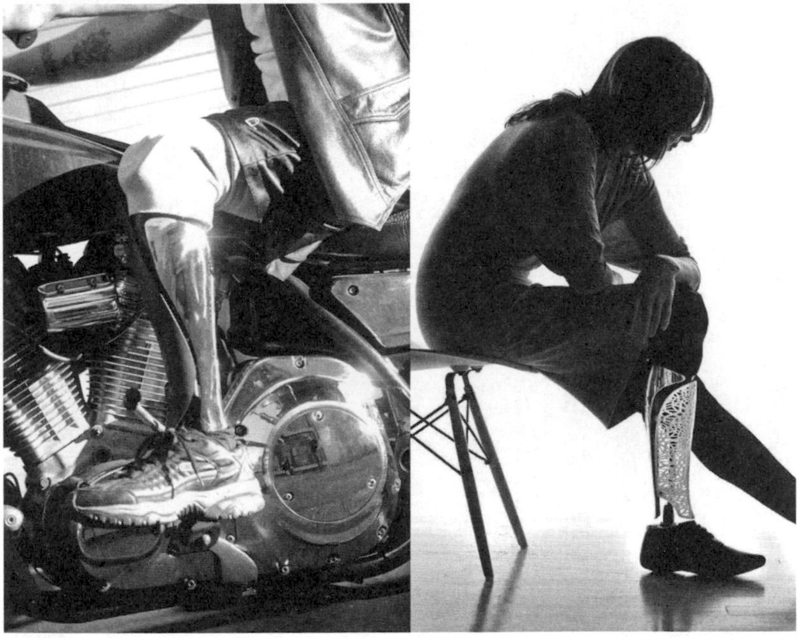

圖表 7.4 3D 列印義肢美圖，取自訂製創新公司（Bespoke Innovations, Inc.）。

欄，提供實物的CAD設計檔案下載（不論合法與否）。[69]可能用不了幾年，我們多數人的家裡將擁有精準度達微米水準、能夠列印多種材質與色彩的3D列印機，其設計將變得極便宜，或是完全不花錢。

目前，3D列印比較像是一種嗜好，但它可能很快就會成爲改變衆多產業的技術。3D列印的另一項優點是，它不受限於規模經濟下的尺寸與外型限制，可依需求量身打造物件，從大量生產型經濟轉變爲大量客製化經濟。現在有多少工作仰賴製造業？未來，我們大概也會看到這些工作消失。

自動化建築工程

在美國或加拿大，興建一棟兩層樓的房屋，通常花費六週到六個月的時間，大多動用數十人。但現在有較新、更迅敏的建屋法，其中一些方法已被採用。在中國，他們能用十五天的時間興建三十層的現代設備摩天大樓，相當於無間斷地每天蓋兩層樓。他們使用預鑄工法，把整棟大樓模組化，在工廠把所有組件預先做好後，在現場組裝起來。這種建物可耐九級地震，有優異的隔熱性能與隔音系統，而且節能效果是一般飯店的五倍，並設有智慧型空氣循環與控制系統。[70]這個例子具有重要含義：我們已經設計出一種建築方法，可以在任何地方用幾天的時間蓋好建物，施工誤差度爲正負〇・二毫米。[71]

這是我們目前能做到的境界，接著我們來看看未來。

輪廓工法（Contour Crafting）的建築流程，是使用電腦控制的起重機或起重架台，在不使用人力的情況下，快速、有效率地興建建物。這種技術有可能在十年內，大幅進步到使我們能夠把設計規格下載到電腦，然後按下列印鍵，看著巨大機器人以不到一天的時間蓋成一棟混凝土住屋。整個興建過程不需要工人，只需要幾名監督人員和設計師。你可能會想，這不就像一台巨大的3D列印機？沒錯！概念相同，差別只有規模和材質。

南加大（University of Southern California）工程教授貝洛克・柯希尼維斯（Behrokh Khoshnevis）目前正在發展這種輪廓工法，這種技術原本構想是作爲製造工業零組件的一種方法，但柯希尼維斯決定把這項技術應用於快速興建房屋，用於天然災害後的重建工作，例如他的祖國伊朗經常發生的地震災害。[72]柯希尼維斯說，他的機器系統可以在一天內建造出一棟完整的房屋，而且這套系統的電動起重機幾乎不會製造出建築廢料，這點尤其引人注目，因爲目前一般的住屋興建工程會製造出約三到七噸的廢料，建築機械還會排放廢氣，[73]更別提每年因爲工地意外導致的數千人喪生。[74]輪廓工法能夠降低成本、減輕環境污染、節省材料、避免建築工人遭受意外傷害，但當然也會導致許多工作消失。

一些產業和機構已經展現出對此技術的興趣：開拓重工公司（Caterpillar, Inc.）自二〇〇八年夏季撥出資金推動名爲「Viterbi」的計劃；[75]美國國家航空暨太空總署（NASA）也已經開始評估把輪廓工法應用於在火星和月球上興建基地的可行性；[76]奇點大學的研究生推出ACASA計劃，聘請柯希尼維斯擔任技術長，計劃將輪廓工法商業化。[77]

自動化新聞作業

你可能認爲，寫作是機器永遠做不來的工作之一。雖然可以編程讓電腦寫文章，但電腦寫出來的文章讀起來枯燥、沒有靈魂、很假，馬上就能看出文章是電腦寫的，對吧？是這樣嗎？

我們來看看你的辨識力如何。下頁三段文章的內容，是一場棒球賽事報導的開頭段落，你能否辨別出哪段文章是人類寫的，哪段是電腦寫的？

這三段文章看起來很相似，猜猜看，哪一段是由沒生命的機器寫的？全部都是機器寫的？還是全部都是人類寫的？

如果你認爲c是電腦寫的，你猜對了。我可以想像得到，你現在可能會回頭重

a) The University of Michigan baseball team used a four-run fifth inning to salvage the final game in its three-game weekend series with Iowa, winning 7-5 on Saturday afternoon (April 24) at the Wilpon Baseball Complex, home of historic Ray Fisher Stadium.

週六下午（4 月 24 日），在威爾彭棒球場（Wilpon Baseball Complex）—具有歷史意義的雷·費雪體育場（Ray Fisher Stadium）的所在地，密西根大學棒球隊於第 5 局灌進 4 分，終場以 7 比 5 擊敗愛荷華，贏得三場週末對抗賽中的最後一場。

b) Michigan held off Iowa for a 7-5 win on Saturday. The Hawkeyes (16-21) were unable to overcome a four-run sixth inning deficit. The Hawkeyes clawed back in the eighth inning, putting up one run.

密西根在週六以 7 比 5 擊敗愛荷華。目前戰績 16 勝 21 負的鷹眼隊（愛荷華棒球隊），雖然在第 6 局扳回 4 分，仍居落敗，第 8 局再得 1 分，終場未能反敗爲勝。

c) The Iowa baseball team dropped the finale of a three-game series, 7-5, to Michigan Saturday afternoon. Despite the loss, Iowa won the series having picked up two wins in the twinbill at Ray Fisher Stadium Friday.

週六下午，愛荷華棒球隊以 7 比 5 敗給密西根，輸掉三場對抗賽中的最後一場。儘管輸了這場球，愛荷華在週五於雷·費雪體育場進行的連兩場比賽中告捷，因此最終仍然贏了對抗賽。

讀一遍，心想：「對，再看一次，應該是 c 沒錯。這三段雖然看起來都不是得普立茲獎（Pulitzer Prize）的料，但 c 看起來比 a 和 b 更枯燥，應該是電腦寫的。」你內化這項事實，再看一遍，以加強你的看法。如果你再讀一遍，我相信你能立即看出缺陷，就像潛意識的訊息，一旦你覺察它們，它們就不再起作用了。

不過，抱歉，你上鉤了。正確的答案其實是 b，它才是電腦寫的。[78] 若你答錯了，別難過，敘事科學（Narrative Science）和其他公司已經有許多媒體產業的客戶在使用這項技術，但多數人並未察覺這些媒體業者提供的內容是由電腦撰寫的。這些媒體公司的身分被保密，但我們知道它們使用這項技術，因為推出這類智慧型演算法的公司，已經在很短的時間內賺大錢。這種軟體目前主要被用於運動、財經、商業、市場，以及不動產的新聞報導。我不想過度推測目前這類演算法已經可以取代所有新聞工作者，也不預期這種軟體很快就能撰寫有關中國缺乏人權的社論，但我們別忘了，想要顚覆一個產業，並不需要取代該產業所有的工作飯碗，只要取代夠大的比例即可。

我發現，人們往往表現出類似下列的邏輯謬論：如果能找到機器無法取代人類的一個例子，就能駁斥技術性失業的論點。我認為恰好相反。如果你必須仰賴單一特例來支持你認為機器無法完全取代人類的論點，其實就證明了我的論點才正確，而該工作類別中的工作者，將普遍淪爲技術性失業的受害者。

只要想像幾個蒐集和個人閱讀習慣有關的龐大資訊量的龍頭玩家，例如谷歌或亞馬遜，如果他們決定進軍自動化新聞業市場的話，將會有什麼樣的演變？我們已經看到谷歌新聞藉由蒐集其他媒體的文章，經過分門別類後，製作出更好、更快速的個人化動態消息，對其他新聞網站造成衝擊。如果這類軟體開始自行撰寫報導文章呢？你認爲離這種境界還要多久？如果你認爲還要等個幾十年，包準你很快就會嚇一跳。

人工智慧助理

不知你是否還記得，一九九七年五月，在被稱爲「史上最受矚目的西洋棋賽」中，世界棋王蓋瑞・卡斯帕洛夫（Garry Kasparov）被ＩＢＭ電腦「深藍」（Deep Blue）擊敗。[79]當時，ＩＢＭ的計劃是仰賴其使用蠻力（brute force）[80]的電腦演算力優越性，分析數十億種組合，來對抗這位俄羅斯棋王的直覺力、記憶力及型態辨識力。沒有人相信這代表一種智能行爲，因爲它以很機械化的方式運作。各位，從那以後，我們已經有了長足的進步。

典型的「杜林測試法」已被廣泛認爲不合用於實際研究目的，它現在只是供好奇心測試，作爲一年一度的勒布納人工智慧獎（Loebner Prize）比賽方式。[81]但杜林測試法幫助孕育出現代認知學和人工智慧這兩個重要領域：從許多小而簡單的互動過程，計算機率，得出複雜行為。如今，我們相信這些更相近於人腦的運作方式，它們也已經被廣泛用於真實世界的應用，例如谷歌的無人駕駛車、更精準的搜尋結果、更適切的推薦系統、自動化語言翻譯、個人助理應用程式、控制演算搜尋引擎，以及ＩＢＭ最新的超級電腦「華生」（Watson）。

自然語言處理被認為是只有人才能做到的事。在不同的環境背景下，相同的一個詞或一句話有不同的含義，玩笑話或雙關語不能照字面解讀，有些話具有特定地理或文化地區的背景含義或文化指涉，類似這樣的可能性無窮無盡。智力競賽電視節目《危險邊緣》（*Jeopardy!*），就非常貼切地呈現了英語這個語言的複雜性與細微差異性。該節目已經播出長達半個世紀，節目中出現了一些令人驚歎的天才，布萊德·盧特（Brad Rutter）是該競賽史上最高獎金的得主（截至二〇一二年本文撰寫之際，贏得獎金三四五萬五一〇二美元），[82] 肯恩·詹寧思（Ken Jennings）是連贏最多場的紀錄保持人（七十四場）。[83]

二〇一一年二月，ＩＢＭ的團隊決定要在歷史性的人機大戰中挑戰這兩位冠軍，這是意義重大的一刻。華生擊敗了這兩人，贏得一百萬美元獎金（ＩＢＭ把這筆獎金捐給慈善組織），詹寧思和盧特各得三十萬美元和二十萬美元，兩人都聲稱將把半數獎金捐作慈善用途。這對人工智慧研究人員而言是歷史性的一刻，他們達到了僅僅幾年前只有科幻小說家和未來學家相信能做到的境界。

雖然ＩＢＭ這項成就非凡，我們必須從更深入的層面來看。華生讀取兩億頁的結構化與非結構化內容，使用四兆位元組（terabyte, ＴＢ）的磁碟，包括維基百科的全部內容。華生的硬體有二八八〇顆處理器核心，以大規模並行的處理方式運作，使華生得以在三秒鐘內回答《危險邊緣》的題目。[84]華生的硬體總計成本約三百萬美元，它的「腦部」使用八〇千瓦電力和二十個空調裝置，[85]反觀把詹寧思和盧特的腦部放進鞋盒裡，大概還留有不少空間，而且他們的腦部「電力」供輸，不過是幾杯水和幾塊三明治。

現在，請你回憶電腦演算力的指數成長。未來二十年，人腦將大致維持不變，但電腦的效率和演算力將倍增約二十次，相當於增強一百萬倍。所以，你可以花相同的三百萬美元成本，獲得比華生強一百萬倍的電腦，或是只花三美元獲得腦力與華生相當的電腦。

華生的演算力與非凡的先進自然語言處理、資訊檢索、知識表述與推理、機器學習、開放領域問答等技能，已被用於比在電視益智競賽中賣弄更好的用途上。ＩＢＭ和專長於語音辨識技術的電腦軟體科技公司紐昂斯通訊（Nuance Communications,

Inc.)，在二〇一一年宣布攜手研發商用產品，用華生的能力作爲臨床醫療決策支援系統，幫助診療病患。[86]

還記得前文提及醫事放射師工作自動化的例子嗎？華生有執行此工作的充分能力，而且只須動用其巨大能力的一小部分。這還只是開始，華生之類的技術可被用於近乎任何東西，諸如法律諮詢和都市計劃（IBM和思科系統已經投入於打造智慧城市），[87]如果用於公共政策的決策上，又有何不可？[88]

物聯網（Internet of Things）[89]時代來臨，我們最好有所準備。技術變得太便宜、太給力，將會被融入日常物品中，幫助我們作出更好的決策。當世上所有物品都內含微小的識別裝置時，地球上的日常生活將發生極大轉變。[90]企業將不會存貨不足，也不會浪費產品，因爲所有涉及的單位都知道市場的需求及消費了哪些產品。[91]記不得放在什麼地方或被偷的物品也很容易被追蹤找到，使用它們的人也一樣。你和物品的互動能力因此多少會改變，改變程度視你目前的情況和現有的使用者合約而定。雖然我們還未到達這些境界，但已經愈來愈接近了。

回到當前的情況，來看看現今市場供應了哪些相關技術的東西。語音辨識系統Siri，是蘋果公司提供的個人助理應用程式。使用過的人都知道，它跟玩具差不多，但要是有人想說服你相信它的功效，那根本是行銷吹捧。這套系統有內建的人工智慧去辨識說話內容，能夠作出一些交談、約定會面時間、發送電子郵件，並要求搜尋引擎 WolframAlpha 對你使用自然語言提出的疑問提供電腦演算結果，但是效能不大好。這個所謂的「智慧型助理」，對自然語言的理解力很差，無法適應許多口音，而且使用起來感覺一點也不像在和眞人交談。總的來說，感覺是你必須去適應它，而不是它在適應你。

話雖如此，徵諸我們在前文中討論過的指數曲線成長的威力，我們別輕忽它的無限潛力。Siri 只不過是第一個原型，很快就會有眞正的智慧型助理問世，能夠了解任何人所說的任何語言，爲人們的需求提供協助。假以時日，它將會更加進化，變得智能更高、更實用，但未必是等同於我們的智能。它的進展將自動瞬間傳播、轉植到世界各地與它連結的所有器材上。谷歌已經在爲其安卓系統平台研發一種這樣的個人助理應用程式，以便和 Siri 抗衡。我們可以預期，IBM 的華生也會在這個舞台上扮演角色。

前述這些只不過是檯面上已知的參賽者而已，今天，由三、四個人組成的小團隊，只要取得雲端運算力，就能開發出革命性的新智慧型系統，提供數以百萬計的人們使用。初期的投資成本很低，電腦演算力的普及，使得投入的成本可以隨著事業擴張而漸增。進入門檻低，事業後續擴張發展面臨的成本阻礙也降低。

我們即將體驗到這類技術的巨大變化，此時的我們還無法想像其後果，就如同史前石器時代穴居人無法想像我們今日生活的複雜城市與社會，現在的我們也無法正確預期未來的情境。

自動駕駛汽車

人們常說，某個事件的發生必然有其明顯道理，將會造成改變，否則就不會發生了。其實，世事沒那麼單純，社會是多面向、複雜、不斷演進的有機組織，有許多變數和相當程度的不可預測性。技術人員往往未能考慮到人爲因素、群衆心理，以及事件的自然發展。我認爲，前述這種非A即B的觀點，都未能確實描繪身爲人類的我們對這類事件的反應。人類學家通常並不了解技術，因此在面對顚覆性的變化時，他們的社會論點並不正確。

以自動駕駛車輛爲例，也就是不需要人駕駛的汽車、卡車或巴士，拜科幻小說作家之賜，無人駕駛車輛的概念已經在流行文化中存在了好一段時間，如今我們已有工程、數學及電腦演算能力，可以把這個概念化爲現實。一些人對這項技術感到非常興奮，我訪談的一位人士說：「也該是時候了，我迫不及待想要擁有這麼一部車。人類駕駛顯然很快就會消失了。」但是，我也聽到了非常不同的回答：「我不信任機器，它們永遠不可能像我們一樣。我絕對不會坐進這樣的車子裡，我要自己掌控。大家不會接受這種東西的，他們絕對不會讓自動化的車子在街上跑。」我訪談過的許多人抱持這種觀點，其中一些人尤其對無人駕駛車輛的概念感到不安，而且令人訝異的是，這其中包括年輕人。

要考慮的因素很多，發展演進歷經許多階段。首先是新技術的發展，電腦科學家、數學家、物理學家和工程師組成小型的研究團隊，決定應付某個問題。經過幾年的研發，有時甚至只須經過幾個月的時間，他們打造出一個可行的原型，進行測試，加以改進，再測試。他們改變條件，反覆測試，直到對成果感到滿意爲止。現在，可行的技術已經誕生，它通過正常環境和極端條件下的壓力測試，所有資料顯示這項技術可靠；事實上，它比任何人類還要可靠，更安全，也更快速。

不過，這只是第一階段，接下來還要看這種技術的社會接受度。這件事不會像表面上看起來那麼單純，對於利用這些機器的概念，人們的反應不一。多數時候，人們之所有會有對立意見，是導因於對技術本質的不了解。無論他們視爲信任或信念，他們會根據自己的直覺形成意見。歧見確實存在，也造成了重大的影響與後果。一項能夠幫助改善人類生活的技術問世，未必就會被立刻採行，因爲這當中涉及了許多社會性因素。

爲了說明此轉變的可能演進過程，我在後續段落嘗試預測我個人認爲的無人駕駛車輛的可能未來情境。當然，我沒有預知的能力，但我會嘗試作出有知識根據的猜測。後續描述的情形，有一部分在我行文之際已經發生，但許多尚未發生。我所言正確與否，時間會給予解答。

無人駕駛車輛的可能演進史

谷歌宣布，該公司已經發展出無人駕駛車。經過幾年的研發，他們以極少的投入資金和小型團隊，利用電腦演算力，解決了我們這個時代的一個高度艱難問題。利用神經網絡及其他先進的機器學習演算法，以及巨量資料，再加上技術的指數成長，帶來更便宜、更快速的電腦演算力，以及感應器、ＧＰＳ和雷射系統，谷歌現在已經開發出可行的無人駕駛車原型。

他們讓這種無人駕駛車上路測試，讓它跑上數千公里。這種無人駕駛車能夠辨識道路和交通號誌、人行道、穿越馬路的狗兒，以及所有的周遭事物。它具有三六〇度的周遭區域視野，不論晴天、雨天、起霧、道路結冰、下雪、大幹道或小徑，它在任何環境下都能夠行駛。它能夠行駛於鄉間，能夠馳騁於幹道，能夠穿梭於交通繁忙的城市，聰明地避開障礙物，它甚至能在潛在危險的事件突現時避免意外發生，例如當一個小孩突然衝到馬路上，或是當一輛腳踏車無預警地騎到馬路中央時，因爲設計團隊早已預期到這種情況可能發生。

谷歌向大衆公布這些成果，人們當下的看法分歧，多數人沒去深究了解，就因爲先入主見而喜愛它或討厭它。媒體也沒有幫上忙，許多新聞記者用幾句不明事實的評論帶過整件事，大衆未能獲得任何可能促使他們改變看法的資訊。他們看新聞報導的理由是想要變得資訊靈通，他們聽信自己聽到的。一些新聞管道提供很好的服務，但往往只是提供「個人意見」，這些意見表達者本身對主題並不了解，只是收新聞媒體的錢，展現他們的無知，並且傳播給大衆。

在此同時，谷歌持續進行更多測試，吸引許多公司和投資人開始注意。谷歌打算發表最初版本的半自動駕駛車，預設選擇是由人駕駛，但可以在任何時候切換成自動駕駛模式，讓車子自動行駛。有一些州政府及國家提出新立法來管制這類車輛，保險公司計劃據此來調整它們的保單。這項過程歷經了一些時日，長達幾個月甚至數年的時間，主要是因爲陸續浮現的社會壓力，核心議題是安全性與責任：萬一發生意外，責任在誰？車主？製造汽車的公司？系統研發團隊？還是允許這種車子上路的州政府？一些人提出另一個問題：這種技術導致許多工作消失，人類駕駛被取代，但我們卻沒有減輕這種失業問題的補救計劃。這些人的意見遭到大致漠視，這個問題沒能成爲政治議題，因爲一般認爲，解決這個問題是市場的職責。

歷經這些媒體的騷動後，首批商用無人駕駛車輛終於問市，只有一些州准許它們以自動模式行駛，因此手動切換模式爲必要。它們面臨了來自許多團體的強大阻力，這些團體包括技術恐懼者、政治團體、遊說人士、尙不具備此項技術的公司，以及擔憂孩子安全的父母，因爲新聞媒體告訴他們，這種機器會令他們的小孩喪命，而且不必承擔任何道義責任。要被社會普遍接受，並非易事。

另一方面，使用此技術的駕駛人極爲滿意。一開始，只有那些有特殊需求的人會購買這種車子，例如行動能力或視力差的人，以及老年人等。但不久，這種車子漸漸開始盛行，成本降低，口碑開始傳播。在允許這種車輛上路的州，交通壅塞的情形開始減輕，最終消失。[92] 選擇乘坐這種進化過的賽伯車（cybernetic car）的車主，對自己的投資感到很滿意，也很享受這種交通方式。他們可以在車上悠哉地讀報、使用智慧型手機、完成一些工作，或只是看著車窗外的天空，就像搭乘火車時那樣。

進入車內，你只須在GPS系統上設定目的地，然後便開始輕鬆享受自動駕駛的旅程。但眞正的「殺手級應用程式」是「帶我回家」指令，在緊張或有危險性的情況下，這項功用特別有益。比方說，在工作了一整天後，車主最想要的，莫過於能夠無憂無慮地回到家；更重要的是，他們可以在外面和朋友喝酒，結束後坐進車內，咕噥一句「回家」，或按下儀表板上的「回家」鍵，然後就可以呼呼大睡，把一切交給車子。

關於這類車子如何幫助人們、如何明顯改善生活品質的故事開始被報導，包含報紙社論、電視訪問，以及一些名人的背書等。交通壅塞的情形持續減輕，交通事故開始明顯減少，情況似乎在改變，大眾的看法也變得更正面。後來，第一起重大事故發生了。

一部無人駕駛車輛如常行駛，另一輛由人駕駛的車子撞上它，這輛舊型車的駕駛人超速，也沒有遵守交通號誌；簡言之，錯在於他。無人駕駛車輛試圖避開衝撞，但那輛由人駕駛的車子車速太快，一切發生得太快，根本躲不掉。結果是，那個駕駛人和他的乘客喪命。新聞媒體瘋狂地報導這起事故，諸如「無人駕駛車輛撞死兩人」、「殺人機器」、「誰要賠償？」之類的標題占據了新聞舞台。全國性電視節目訪談受害者家屬，他們的悲痛與憤怒使得至今潛伏的對這種新機器的痛恨開始發酵——「我就知道會發生這種事！」、「根本不能相信機器！」、「我當初是投票反對這種立法的」、「我們必須採取必要行動，以確保這種事情不會再發生」，諸如此類的言詞不斷湧現。

只有一些人說出了事實：在無人駕駛車輛問市後，到第一起重大事故發生前，由人類駕駛的車輛發生了難以計數的事故，數以百計的人喪命，但沒有一樁上了新聞版面與媒體舞台。不過，這項事實之論起不了作用，因爲事實並不重要，重要的是人們的看法。於是，有幾個州宣布，絕對不會讓這種可怕的機器再造成任何傷害，所以拒絕讓它們上路。更多立法、更多大衆議論、更多的辯論與反對，很快便隨之而來。

在此同時，相關技術持續快速進步，無人駕駛車輛變得更可靠、更節能，它們的演算力更進步，也變得更便宜、更廣布。於是，有更多公司發展這種技術，這種車輛的需求增加，很快就變成汽車業中唯一的成長市場。未能作出此項技術創新的公司，則有被淘汰出局之虞。另一方面，仍有一小群人繼續談論著開車的樂趣，他們滋滋樂道專心開車的好處，以及「那些美好的往日時光」。他們主張掌控工具的重要性，並且認爲人們現在正朝往可怕且危險的方向前進。儘管無人駕駛車輛的技術領域持續不斷進步，仍然有人支持並忠於這種反對觀點。

幾年後，這種車輛在已開發國家變得很普及，雖然仍是混合版，但仰賴自身駕駛技巧的人愈來愈少了。道路變得更安全，交通壅塞的情形大幅減少。一些大膽進取的公司開始設計全新的車輛概念：完全自動化的賽伯車，不再需要人類駕駛。如此一來，就能徹底改造車廂，座椅可調整成任何方向，例如四個人可以面對面坐，或是圍成圈子坐等。乘車有全新體驗，也變成一種社交活動。

在這種情境下，可以預期每輛汽車、巴士、卡車和計程車，現在都變成自動駕駛了。這當然是正確的選擇，更節能、意外事故減少、交通壅塞的情形也減少、更便宜、比人類駕駛更可靠……，這些都讓只使用自動駕駛車輛成爲很合乎道理的事。但是，世事並非總是跟著道理走，它們呈現複雜的動態，這和社會、集體思維，以及和技術與益處沒什麼關係的複雜動態有關，主要是和政治、行銷、情感依戀、舊習慣、錯覺、信念，以及每個人對益處的看法不同等有關。

先進技術的發明與創造，或許是一項艱難的挑戰，但有時社會對技術的接受度，是遠遠更爲困難的挑戰。

8 社會接受度

縱使技術通過測試，證實可靠，已經適合使用，它的社會接受度也未必明顯。害怕、不確定性、無知及各種特殊利益，這些匯聚起來，阻礙了創新與改善我們的生活品質。就拿網際網路這個堪稱人類史上最大的革命來說吧，它帶給我們無限的可能性：資訊民主化，廣泛、自由地分享創意，全球即時通訊，種族與階級平等，它讓任何人與任何地方都擁有相同機會。這些是網際網路的可能性，但實際上呢？少數公司掌控了取得網際網路服務的門徑，少數公司構成很大比例的網際網路流量。儘管我們有技術和潛能可為全球七十多億人提供自由、不受限的網際網路通路與使用，但迄今只有三分之一的世人使用這項全球連結技術。[93]

縱使網際網路得以通達人們，情況的發展也不如預期。政治應該確保言論自由，但實際上，在全球各地，網際網路審查卻是廣布且有增無減的現象。致力於民主、政治自由和人權支持的非政府組織自由之家（Freedom House），在二〇一一年發布的《網上自由》（*Freedom on the Net*）報告令人感到沮喪，在該組織調查的三十七個國家中，有八個國家（二二%）被評爲「自由」等級，十八個國家（四九%）被評爲「部分自由」等級，十一個國家（三〇%）被評爲「不自由」等級。[94]這項調查發現，網際網路自由受到的威脅增加，而且威脅的種類也增加，諸如網路攻擊、政治目的的審查，以及政府掌控網際網路的基礎設施等，已經構成特別顯著的威脅。

縱使是被評爲「自由」的國家，也存在著一些威脅陷阱。例如，美國在「自由」等級之列，但長久以來，總是有人提議聯邦政府及州政府立法限制存取特定網站與服務，或是控制使用的人們。[95]這類立法提案有些具有良好意圖，但它們很容易被扭曲而加以利用。最近的一項這類立法提案是〈禁止網路盜版法案〉（Stop Online Piracy Act, SOPA），它和雙胞胎姊妹法案〈保護智慧財產權法案〉（Preventing Real Online Threats to Economic Creativity and Theft of Intellectual Property Act of 2011, PROTECT IP Act）結合起來，賦予娛樂業者網際網路審查權。製片人柯比．佛格森（Kirby Ferguson）對此作出精闢解釋：[96]

> 〈保護智慧財產權法案〉將無法遏止盜版行爲，卻會引發廣泛潛在的審查與濫權，使網路變得更不安全、更不可靠。我們談的是網際網路，它是充滿生機與活力的媒體。我們的政府試圖干涉它的基本結構，期望促使人們購買更多好萊塢電影。但是，好萊塢電影不是基層百姓選舉出來的，它們不會推翻腐敗的政權，整個娛樂業甚至沒對我們的經濟作出那麼多貢獻，反觀網際網路做到了，而且還做得更多。企業已經有對抗盜版的工具，它們有辦法打擊特定內容，不但能夠興訟把點對點（peer-to-peer，P2P）軟體公司告到倒，也能把那些談論如何拷貝DVD的新聞工作者告上法庭。它們向來善於擴大和濫用自身權力，家庭自製的嬰兒YouTube影片只因爲使用有版權的背景音樂，就被要求必須刪除下架。它們把懲罰大規模商業盜版行爲的法條，拿來對付家庭和小孩，甚至興訟禁止VCR和最早的MP3播放器。所以，問題是：它們會把這件事發展到多極致？答案很顯然：我們允許它們發展到多極致，它們就會那樣發展。

二〇一二年一月十八日，維基百科的英文網站、瑞迪網站（Reddit.com），以及其他七千多個規模較小的網站聯合暫停服務，目的在提醒人們意識到這類立法提案的愚味。當天，有超過一億六千萬人點閱維基百科的橫幅標語，法律援助公益組織電子前線基金會（Electronic Frontier Foundation）、谷歌及其他許多組織取得數百萬人連署，許多人開始抵制支持這些法案的公司，數千名運動人士在紐約市舉行抗議集會。[97]結合力量，共同行動，我們就得以殺死這頭恐怕的怪物，但他們已經捲土重來，推出其他類似或更甚的愚蠢提案。[98]

政治人物不僅對相關技術的基本運作無知，他們還充當企業的打手。更確切地說，無知使他們讓收錢的遊說人士撰寫對企業及業主最有利的法案，這些企業及業主不滿於已經分食到的絕大部分大餅，想要取得整塊大餅。這是讓錢作爲一種「自由言論」形式所導致的問題，它形成了一種軍備競賽：試圖用更多錢購買「權利」法律。從這類法律得利的企業，總是有更多錢可以購買更多有利於它們的法律。[99]這不是憤世嫉俗的觀點，也不是陰謀假說，事實很明確：美國所得最高的前〇・一%囊括了總資本所得的半數。[100]

問題還不僅於此，政治人物和大企業只是問題的一小部分而已。研究顯示，民衆對日常問題與挑戰的理解能力非常低。在美國，約八七%的人甚至無法執行稍微複雜的工作，例如閱讀並了解有關外交事務的新聞文章，或是比較社論觀點、閱讀圖表，或比較百分率等，而且有二二%的人是功能性文盲（functionally illiterate），只具備有限的閱讀、書寫和計算能力。[101]義大利、英國、比利時、澳洲、加拿大，以及其他許多已開發國家的情形也一樣。[102]這就難怪民衆對複雜議題的認知有所偏差了，在超過六○%的人連六○%的含義都不知道的情況下，如何能期望至少六○%的人口了解並根據正確資訊作出明辨是非的行動？

以「氣候變遷」或新聞媒體常說的「全球暖化」這個議題爲例。多年來，它是報紙和政治談話的一個辯論主題，彷彿這是一個由輿論來斷定的問題，彷彿新聞工作者、政治人物、經濟學家或其他任何不具氣候學專業的人，都能對這個主題說出有意義的洞見。多年來，人們辯論這個議題，提出「證據」支持或反對「人爲引發全球暖化論」。蓋洛普機構（Gallup）在二○一○年三月發表的民意調查結果顯示，四八%的美國人認爲全球暖化的嚴重性被誇大，該比例比二○○九年的四一%和二○○六年的三○%還要高。[103]在英國及其他許多國家，同樣出現這種驚人的民調結果。[104]我們知道氣候變遷正在發生中，也知道我們必須負大部分的責任，[105]就連知名的氣候變遷懷疑論者也承認他們對氣候變遷數據的懷疑是不正確的，由否認氣候變遷、想舉反證證明的人們所資助的研究已經證實了這點。[106]但是，不當的新聞報導、政治性謬論、僞科學，以及大衆的無知，結合起來仍令科學難以推進。

害怕、不確定性，以及無知，這些對改善生活的技術被廣爲接受構成了重大的阻礙，但阻力並非只有這些。以超市的自動化結帳爲例，若適當發展相關技術，並且正確推行，採用高度直覺、易於了解與使用的介面，將可加快結帳的流程，提升效率、減輕壓力，但當然這會導致數百萬人失去工作。

縱使在最可能的領域，自動化也不會完全取代所有人力，這是有原因的。以餐廳爲例，有人認爲餐廳就是你付錢取得食物的地方，錯，這是對速食店的描述。在餐廳，你付錢不只是購買食物本身，也購買整個用餐體驗。如果一家餐廳供應的餐點美味至極，但地板上有屎，你肯定會要求退費，或是轉頭就走。進入一家餐廳時，你期望有個舒適、愉快的用餐環境，最好有安靜的氣氛、宜人的燈光，有親切的服務生歡迎你，爲你提供餐點及酒品建議。這些全都是構成美好用餐體驗的元素，想要把人這項元素從餐廳的情境中去除，可能比一些技術熱中者想像的更難。

人類喜愛有他人相伴，希望引起他人共鳴，喜歡聆聽與述說故事，交談感興趣的事物及不同觀點。就算你和一位餐廳服務生的互動可能很有限，但這個有限的互動可能也很動人，也是你決定捨棄速食店而光臨高級餐廳的原因之一。現在，請想像一個美女的影像，她知道我們所有的興趣，不但記得我們上次光顧的時間、和誰一起來，並且能根據這些資訊以溫柔語氣詢問問題。科技熱中者經常舉這樣的例子來支持自動化，[107]但我不認爲很多人會喜歡這種非眞人的服務，至少在可預見的未來，這種服務不會受到多數人的青睞。

由此可見，任何科學證據、破壞性技術或可能改變我們生活方式的東西，被社會接受的過程並不是線性、可預期的。過程中可能存在許多障礙，阻力可能來自四面八方，基於種種理由。

記住這點後，我們接下來要分析整體的勞動力現況，並預測技術的加速變化可能在未來帶來什麼結果。

9 未來的失業

本章將層層分析美國的勞動力，我選擇分析美國的境況，主要理由有三：一、它是全球最大的經濟體之一；二、它有很好的公開資料；三、許多工業化國家的情形和美國很相似。

截至二〇一〇年，美國約有一億三千九百萬名工作者，總人口數爲三億八百萬。[108]失業率歷時波動，但其起伏循環開始看起來更像是一種趨勢，此趨勢代表的是全球性的失業增加。

美國二〇一〇年的失業率是九·六％，[109]美國史上最高水準之一，僅次於一九八二年的九·七％。[110]但更値得關注的統計數字是就業人數占總人口數的比例，美國二〇〇〇年的總人口數爲兩億八千一百四十二萬一千人，就業人口總數爲一億三千六百八十九萬一千人；二〇一〇年時，總人口數增加到三億八百七十四萬五千人，但就業人口總數只有一億三千九百零六萬四千人，參見圖表9.1。

美國及世界其他地方的失業人數，遠比你以為的還要多。雖然新聞報導說，過去兩年的失業率降低，事實不然。二〇一二年三月，歐元區的失業率創下歷史新高的一〇・九%，[111]但問題還不僅於此。

二〇一一年，除了數百萬的失業人口，另有八千六百萬的美國人未被計入勞動力，因為他們並未持續尋覓工作，其中多數是年齡少於二十五歲或大於六十五歲者，參見圖表9.2。[112]政治人物和經濟學家很容易淡化人們對失業率的憂懼，他們只須改變衡量方式，就能頓時美化數字！

這是現況，看來不妙，那麼未來呢？我們來看看從業者至少百萬人的各種職業的就業統計，參見圖表9.3。

請仔細檢視圖表9.3，回答下列這個問題：有多少職業是在過去五十年間創造出來的？此圖表中的三十四種職業構成美國勞動力的四五・五八%，但有多少新職業是技術進步創造出來的？只有一種：電腦軟體工程師。這個職業的從業者人數勉強擠進上百萬人的這份表單，若把此圖表最後兩項職業去除，仍然有四四・一二%的工作者，這些職業沒有一種是在過去五、六十年間創造出的新職業。

年分	總人口	就業人口
2000	281,421,000	136,891,000 (48.6%)
2010	308,745,000	139,064,000 (45.0%)

圖表 9.1 美國的總人口與就業人口

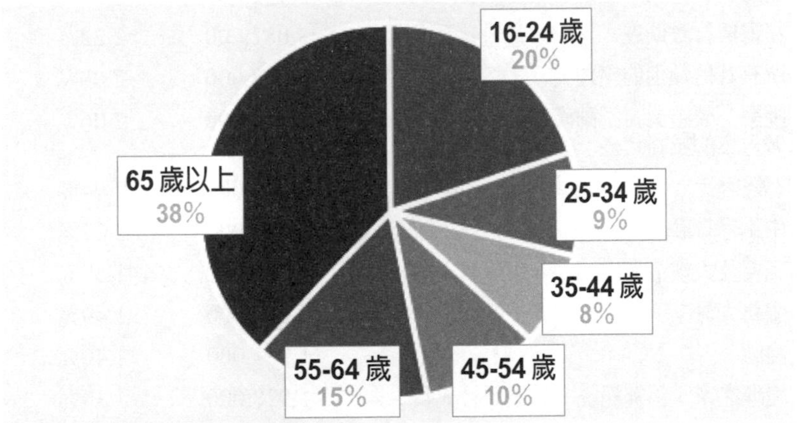

資料來源：美國勞工統計局，2011 年；製圖者爲 CNN。

圖表 9.2 未被計入勞動力的美國人（以年齡區分）

事實是，科技業創造出來的新職業，只雇用了很小比例的就業人口，甚至這些工作往往在創造出來後不久就消失。想想看，資訊科技業在一九八○年代創造出來的就業機會，到了今天還有多少仍然存在？如果你是那個年代的程式設計師或系統管理員，你沒有繼續學習而學會最新發展，現在的你將很難找到工作。一項新技術問世而創造出新職業，在更新的技術問世後便消失的有多少？新技術

圖表 9.3 美國各種職業的就業人數統計（工作者至少百萬人的職業），2010 年

職　　業	工作者人數	工作者比例(%)
司機／銷售工作者、巴士與卡車司機	3,628,000	2.61%
零售業銷售員	3,286,000	2.36%
零售業銷售工作者的第一線督導／經理人	3,132,000	2.25%
收銀員	3,109,000	2.24%
祕書與行政助理	3,082,000	2.22%
所有其他類別的經理人	2,898,000	2.08%
批發、製造業、不動產業、保險業、廣告業的業務代表	2,865,000	2.06%
有照護士	2,843,000	2.04%
中小學教師	2,813,000	2.02%
工友及大樓清潔工	2,186,000	1.57%
服務人員	2,067,000	1.49%
廚師	1,951,000	1.40%
護理之家、精神病院、居家照護人員	1,928,000	1.39%
客服人員	1,896,000	1.36%
勞力工、貨運工、倉儲與物料搬運工	1,700,000	1.22%
會計師與審計師	1,646,000	1.18%
辦公室第一線督導／經理人，行政支援工作者	1,507,000	1.08%
首席高級主管	1,505,000	1.08%
倉儲行政人員與訂單處理人員	1,456,000	1.05%
女傭及家務清潔人員	1,407,000	1.01%
高中後教育教師	1,300,000	0.93%
簿記、會計與審計辦事員	1,297,000	0.93%
接待人員及詢問服務員	1,281,000	0.92%

建築工人	1,267,000	0.91%
托育照顧工作者	1,247,000	0.90%
木工	1,242,000	0.89%
中學教師	1,221,000	0.88%
路面養護工作者	1,195,000	0.86%
財務經理人	1,141,000	0.82%
非零售業銷售工作者的第一線督導／經理人	1,131,000	0.81%
建築經理人	1,083,000	0.78%
律師	1,040,000	0.75%
電腦軟體工程師	1,026,000	0.74%
行政及營運經理人	1,007,000	0.72%
上述所有職業的總就業人數	63,383,000	45.58%
其他所有職業的就業人數	75,681,000	54.42%
總就業人數	139,064,000	100.00%

創造出的新工作需要高水準的教育程度、靈活的變通能力、智識、創業精神，多數人並未受過這樣的教育與訓練。事實上，我們整個教育制度是在工業革命之後建立的，旨在培育工廠工作者，執行人工作業工作和重複性質的工作，我們的教育制度自那時起，至今並未充分更新以符合時代需求。

我們的經濟體系需要新血人才已久，但教育變革流程很緩慢、艱辛，原因之一是教師們本身承自上一代教師的受教方式：標準化的測驗、標準化的課程、標準化的考試，這些只會培育出

「標準化」的心智。我們的教育制度不鼓勵學生質疑教科書或老師，不鼓勵他們以團隊方式運作、通力協作或尋找不同的解方。[113]他們被教導凡事總是只有一種解答，可以在書中找到此解答，但是不能看書，因爲那是作弊行爲。[114]

其實，無數的問題都有許多解方，有些解方比其他解方好；有時候，問題根本無解；有時候，只能透過跨學門的思考，藉由不同專長領域者通力合作，才能找到解方。

所幸已有教育制度改革上路，一些好實驗正在進行中（本書第三部有進一步的探討）。但是，比之於企業，教育制度是更大、行進更緩慢的大象，要調整得花很長的時間。問題是，教育制度的調整，能否夠快而跟得上技術進步的速度？我不認爲。少數人的確將夠聰敏而能調適於這種新思維（若你正在閱讀此書，意味你已經在思考這個問題，有望成爲這少數人之一），但我擔心，多數人口恐將調適不及。

爲了一窺趨勢，我們來看看一些最大、最成功的公司的情況。圖表 9.4 依這些公司創立的時間順序排列，列出它們在二〇一二年時的員工人數，以及平均每個員工創造的營收。

我想，各位應該看得出變化趨勢。新創立的營收數百億公司，沒有舊世代老員工之類的包袱，可以打從一開始就側重效率。歷史超過二十年的大公司，就像上了年紀

公司（創立年分）	員工人數	平均每位員工的營收額（美元）
麥當勞（1940）	400,000	$60,000
沃爾瑪（1962）	2,100,000	$200,000
英特爾（1968）	100,000	$540,000
微軟（1975）	90,000	$767,000
谷歌（1998）	32,000	$1,170,000
臉書（2004）	3,000	$1,423,000

圖表 9.4　營收數百億美元的美國大企業，2012 年資料

的大象，試圖行進於很擁擠之地，它們笨重、緩慢，有很多想擺脫但無法擺脫的「累贅」115——請原諒我使用這個字眼。

新公司沒有這些問題，它們敏捷，能雇用最棒的人才，而且打從一開始就只雇用最棒的人才。它們鼓勵、而非排斥自動化，它們運用所有可能的策略來提高生產力（平均每員工營收）。再次檢視圖表 9.4，麥當勞創立於一九四〇年，在二〇一二年時，平均每位員工創造的營收額是六萬美元，愈往現在前進，愈晚創立的公司，員工人數愈少，平均每位員工創造的營收額愈高——只有沃爾瑪例外，但如同前文所述，這種情形可能很快就會改變。

臉書公司的數據最驚人，在二〇一二年時員工只有三千人，平均每位員工爲公司創造的財富超過一四〇萬美元。你也許會認爲臉書只是曇花一現，一時流行，熱潮很快就會退燒，但想想看，在現今的經濟中，最有價值的資產之一不是實物，而是資訊，有關於我們、我們的習慣、我們的渴望、我們有哪些朋友、我們和誰約會、我們的想法等的資訊。我們已經變成產品，臉書擁有有史以來最大的個人資訊資料庫，全球用戶人數超過十億，並且持續成長中。

政府、企業及情報單位渴求資訊，事實上，有很多人猜測，臉書可能把我們的個人資訊賣給這類機構以牟利，[116]儘管該公司否認。[117]不論這類指控的眞實性，無庸置疑的是，臉書公司的實質價值遠高於其總營收額，但光是其營收額本身也已經很驚人了，尤其考慮到它才創立沒幾年，就已經用僅僅數千名員工創造了數十億美元的年營收。

若新產業只須雇用高教育程度、聰穎、有活力的人才，舊產業又持續朝向自動化，以機器取代更多人力，那麼那些教育程度不高、又無門路可開始學習進階技能的無數人，該怎麼辦呢？

我注意到，面對這個很簡單的疑問，經濟學家的反應有兩類。第一類反應是根本不去看這個問題，這類經濟學家不相信技術取代人力，因此根本不討論這個問題。第二類反應是主張那些提出這類論點的人，應該少花時間議論自己不懂的東西，把更多時間用在自己擅長的東西上面。他們說，馬丁．福特或我之類的人根本不懂經濟學，如果我們是經濟學家，就會有更好的了解。也許吧，畢竟我們確實不是經濟學家，觀點可能有錯。但這番批評並不是一種論點，只是一種謬誤的循環論證，是自我強化的贅述，無實質含義。如果你認爲自己有更好的論點，並且相信這些主張，請提出來啓迪我們。我向許多經濟學家提過這個疑問，迄今仍在等待經濟學家提出一個這樣的論點。

經濟學家之所以不願對這個問題作出解釋，可能是基於一個事實：他們覺得這是一個基本的經濟理論，是我應該在學術殿堂上學習的東西，沒必要浪費時間作出解釋。不過，每當聽到這種反應時，我總是想起愛因斯坦（Albert Einstein）說過的一句話：「如果你無法簡單說明一件事，就表示你還不夠了解。」[118]

多年來，我致力於推廣科學教育，以及回駁氣候變遷否認者、神創論者和種種謬論的經驗，都令我深刻感受到愛因斯坦這句話眞是至理名言。若主流經濟學家對我的看待，猶如我對「智能設計論」（intelligent design）提倡者的看待，就能輕易駁斥我的論點——智能設計論是相對於進化論的一種假設，認爲許多自然現象或生物特徵是設計出來的，不是演進形成的。事實上，他們可以用幾個簡單的例子來駁斥我。經過一年的研究與討論，至今我仍在等待他們。

在二〇〇八年奇點高峰會（Singularity Summit）上，《機器人國度》（*Robotic Nation*）一書作者馬歇爾・布雷恩（Marshall Brain）探討自動化取代工作的議題。他的演講結束後，另一位演講者駁斥他：「你有沒有聽過一門名叫歷史的學科？一百五十年前，我們就已經聽過這種胡扯。你說的東西，沒有一個眞的發生！」無知的人們很容易聽信這種簡單批評：過去沒有發生的，現在又怎麼會發生？

首先，我們即將經歷的事情根本史無前例。雖然我們在過去找到方法創造新職業和新產業，但有兩個層面我們必須考慮。

一、人腦的能力有極限。我們的大腦固然甚具可塑性，[119]只要施以訓練，歷經時日就能大幅進步，但就像我們的體力一樣，不論施以多少訓練，都已經被機器的體力大幅超越，人類的心智能力也是一樣。相較於人工智慧和機器智能的成長速度，生物的進化速度太緩慢了。這最終或許會改變，但前提是我們容許自己和機器結合，由機器來促進、強化我們。不過，我不想在這裡探討這個部分，因爲光是技術層面，就得花上一整本書的篇幅，更遑論這涉及了道德議題。現下，我們繼續聚焦、保持務實的態度：我們「知道」技術賦能的物種（智能型機器）已然來臨，若不做好準備，將會陷入麻煩。

二、我們是否考慮過，尋找替代的工作（不論是什麼工作），也許是錯誤的選擇？我確信，潛在來說，我們可以在未來創造出數百萬個種種無用的工作，只須看看過去五十年的情形就足以確信這點。長久以來，我們把工作的效用（usefulness）和工作的目的（purpose）拆成兩部分。工作的目的向來是賺錢改善生活（衣食住行等），伴隨著生產力的大幅提升，我們可以在「減少」工作的情況下，輕易獲得這些生活物質。請注意，這不是空論，也不是想望，而是數學。設若你需要x量的勞力，才能生產出y量的財富；五十年後，你只需要十分之一x量的勞力就能生產出y量的財富，你可以用更少的工作產出和以往相同的量，這是邏輯推論。

當然，工作負荷不會以同比例減輕，因爲技術進步促使生活水準提升的同時，也會使我們的期望增加。但基本的生活必需品幾乎沒有什麼改變，我們現在需要的食物、水及住屋量，並不是五十年前的一百倍，因此我們大可減少一週的工作量。但是相反地，平均而言，我們現在的工作量比以往「更多」。這是愚昧至極，技術的目的是要讓我們騰出更多時間，投入於更高層次的目的，但我們的工作本身已經變成目的。

過去，工作被外包到中國、印度、越南等地，那些地方的人們競相爭取在美國及歐洲被視爲苦役的工作，亦即那些月領兩百美元，每天要做十二個小時，每週要做六到七天的工作。那些地方的人們渴望獲得這些工作，他們沒有保險、福利、休假，沒有工作安全規範，沒有抱怨的權利。如果你是那些地方的工作者，要是不喜歡自己的工作，大可不幹，有人會樂得取代你。要強調的一點是，我們不能有「逐底競爭」（race to the bottom）的思維，想著以更低的勞力價格，把那些製造業的工作搶回來。這種情境不會發生，也不應該發生。

只要具備高中教育程度，而且夠上進、努力，就能使你獲得像樣的中產階級生活型態，那種年代早就過去了。那些工作早已被外包，不會再回來了。尤有甚者，就連那些被外包到海外的工作，現在也面臨到自動化與機器人快速發展的威脅。只要有愈多公司基於提高生產力的需要自動化，就會有愈多工作飯碗永久消失。

未來的工作與創新，將是比以往更不熟悉的領域。現在，天天都有新的、令人興奮的領域浮現，諸如合成生物學、神經計算學、3D列印、輪廓工法、分子工程學、生物資訊學、延壽科學、機器人學、量子計算、人工智慧、機器學習等，這些新領域快速進展，而且只不過是即將引領出有史以來最大轉變的人類新紀元的開端而已。這個轉變將使工業革命的重要性相形見絀，這個新紀元將創造出新機會，創造出現在的我們無法想像與理解的新研究與創新領域，我對此深信不疑。

問題是：我們能跟得上這個快速變化，把數百萬未具足夠正規教育程度的工作者，教育成適任這些新種類工作的人嗎？我認爲，答案是一句大聲、響亮的「不能」。

現在，美國有數百萬年齡超過四十歲、最多只有高中教育程度（甚或更低程度）的工作者，他們只懂得做勞力工作或容易被自動化的工作，我們的經濟體系能夠創造出的新就業機會，充其量只能雇用這些人當中的一小部分。這些新工作將需要高領悟力和靈活變通的心智，具有和生物、化學、電腦科學與工程等領域相關的尖端學科的深度知識，在這些領域教育一個年輕心智得花上五到十年的時間，而所謂的「年輕心智」，指的是不僅願意學習，也對學習體驗具有熱忱。在數百萬失業的中年人當中，有多少人願意再投資自己，重新出發呢？我們的教育制度能夠容納多少這些人？索取怎樣的教育價格？就算這些人絕大多數發自內心想要獲得新學習，有多少人負擔得起提升知識與技能所需花費的時間與金錢？多數國家就連教育孩子都做得很勉強、吃力，而且教育成效不佳，很難相信政府能夠奇蹟似地找到方法，為所有人免費提供大學程度的教育，包括那些已經五十幾歲、突然必須重返學校的數百萬名新學生。

在技術持續指數成長、自動化趨勢興起、便宜的個人化家中製造愈發普及的發展之下，認為社會能夠保持足夠的就業機會數目，是相當不切實際的看法。我閱讀了好幾本書，觀看了有關這項議題的數百個辯論與訪談，至今還未聽到認為我們能夠做到或如何做到這件事的論點。而且，像IBM的超級電腦華生之類的驚人技術成就，使得那些頑固不化的懷疑論更顯得靠不住。

往昔的工作不會再回來了，新的就業機會將是更高深、在技術與創造力方面都具有高度挑戰性的工作，而且這種工作機會不多。問題始終很簡單：那現在那些技能不足的工作者該怎麼辦？到目前爲止，沒有人能夠回答這個問題。我認爲，這是因爲現階段找不到答案，在「這個」體制中找不到，因爲這個體制的設計與運作方式無法提供我們答案。

這是我們這個時代最棘手的問題，我認爲要解決這個問題，就必須重新思考整個經濟與社會結構，重新思考我們的生活、我們的角色、我們的目的、我們的優先順序，以及我們的動機。現在，該是典範轉移的時候了，我們需要一個徹底改革社會制度的新典範。在新世界，變化恆常，你必須學會愛上變化、擁抱變化，才有望成功。若你未能預期變化，或是排斥變化，將會被即將衝擊人類文明的變化洪流沖走。

此時，你大概會想，這些高深、在技術與創造力方面都具有高度挑戰性的工作，會不會最終也被自動化？徵諸技術的指數成長，合理的答案應該是「會」，當中大多數會被自動化。我們固然將創造出新的研究領域，新工作將應運而生，但這些新工作將會更爲困難。在技術的自我創新能力與速度大於我們迎頭趕上的能力之下，能夠勝任這些新工作的人口比例將會愈來愈小。這是一個狗追著尾巴跑的論題：產業需要的就業總數將歷時不斷減少，每次我們都將必須改造自己，爲剛被自動化取代而失去工作的人們找到新職業。

隨著時間過去，這將變得十分累人，這是一場你贏不了的賽局，不公平，沒有出路。你不禁開始思忖，這是唯一的路嗎？有沒有別的解方？本書的下一部，將探討解決這個至要問題的許多可能選擇。我們還不知道哪一個將是正確選擇，也許全部都不是，也許必須把它們全部結合起來，沒有人知道。

我們確切知道的是，必須使用我們的理智與想像力，努力找到最佳解方。也許我們不會成功，甚至可能在過程中慘敗，但我們也可能勝出。以勇氣和力量面對任何阻礙，展望未來，不停前進。我認爲，唯有抱持共同目標，我們才可能做到。

最後，我要改述已故美國民權運動領袖馬丁・路德・金恩（Martin Luther King, Jr.）和天體物理學家卡爾・薩根（Carl Sagan）說過的話：「我們共處於一個星球，必須學會像個家庭般共存，否則將落得脣亡齒寒。」

第 2 部

工作與幸福

10 工作認同

你有沒有注意到，當你問某人：「嗨，你叫什麼名字？做什麼的？」時，他們通常會回答：「嗨，我是鮑伯，我是會計師」或「我是電機工程師」，或教師、水電工、業務經理或保險經紀人。你不是問對方：「你從事什麼職業？」，而是問：「你做什麼的？」，人們很自然認爲這句話就是「你做什麼工作維生？」的簡略句。當我們被問到我們是誰、是做什麼的，立刻就會認爲那是在詢問我們的職業，我們認爲那些詢問的含義就是這個。我們做什麼就代表我們是誰，我們所做的事多半就是工作。也是，我們還能做什麼呢？畢竟，我們生活在一個以工作換取所得、以所得決定生活水準的社會。

從我還小起，我就靠工作來支付我想要的東西。在我年紀還小時，所謂的工作就是幫忙家務，打掃門廊、洗洗碗盤，這些雖然都是小事，但也算是工作。我父母從小就灌輸我一個觀念：沒有東西是不勞而獲的。他們固然供應我一些東西，但如果我想要別的，就應該自己負責去「賺取」。這個觀念一直伴隨著我，直到今天，我仍然認爲我父母教導我很重要的一課：我應該重視人們的努力和他們的工作，如果我想要什麼，應該捲起自己的衣袖去工作，不抱怨、不請求，自己去賺取。

年紀更長一點時，我開始做比較複雜一點的工作，從工業材料的拋光作業到園藝工作。我很幸運能夠運用我很早就對資訊科技產生的熱愛，爲人們修理電腦，管理小公司的網路，爲它們架設網站，當時我十五歲。

滿十六歲時，我已經不再依賴父母的財務支援了。我獲得亞得里亞海聯合世界書院(United World College of the Adriatic)的獎學金，離家就學。自那時起，我就獨自生活；對義大利人來說，這點算是滿特別的，因爲多數義大利人到了三十幾歲仍和父母一起生活。現在，我擁有理學士學位，從奇點大學的NASA研習課程畢業，創立過一家公司，在全國性與國際性企業有多年的工作經驗。

我還記得，在我二十二歲時，我上司指派我代表公司前往海外會見客戶的情形。有一天，他告訴我：「費迪，我需要你去介紹我們的新軟體。這是機票和地址，我現在就啓程，幾天後我們倫敦見。」這個客戶是我們公司最大的客戶，也是全球最大的跨國企業之一，當時我上司如此信賴我的能力，令我很驚訝，尤其是我還那麼年輕。我那時是系統管理師兼IT經理，後來轉職到另一家公司，爲該公司設立網路與媒體部門，組成一支團隊，以兩年出頭的時間使公司的營收規模成長爲三倍，使一家小型影片製作公司變成全方位的網路、媒體與傳播公司，能夠在國際市場上和事業規模遠遠更大的公司競爭。

述說這些資歷不爲炫耀，我的履歷其實很不起眼，相較於許多在二十幾歲就創立數十億美元公司的年輕創業家，我著實相形失色。我只是想在繼續下文之前，提供一些我的資歷背景，因爲我不想讓讀者以爲下文的論點，來自一個一生從未工作過、因此不可能了解工作價值的人。

工作倫理，工作的效用

我認爲，具有工作倫理很重要，正是這個理由，我認爲如今工作變得愈來愈沒有意義。人們常說：「努力工作，你終將獲得回報」，我大致同意這句話，但它並未說出完整的眞相。我們重視工作本身，我們認爲人應該工作，但我們是否思考過工作的效用（utility）？請自問，你目前從事的工作的價值是什麼？這份工作能夠幫助他人嗎？它能讓你感覺更快樂、幸福嗎？它有助於改善我們社會的文化、健康、效率、同理心、同情心、創造力和宜居性嗎？若我只是爲了工作而工作，那麼我跟工具沒什麼兩樣，猶如一具被操縱的木偶，或是完全遵循指令的機器人。

假設我是一名中年女性，在一座兵工廠工作，製造集束炸彈，這些炸彈不是用來打擊恐怖分子或遏阻軍隊（這類目的是否正當，不在本文主旨範圍內。）

集束炸彈具有極大的殺傷力，任何不幸被炸者非死即殘，[120]許多受害人是無辜孩童，在遇害之前可能正在和朋友玩耍，然後意外引爆炸彈而被炸斷腿。雖然我知道這些事，但我仍然繼續做這份工作。這是一份好工作嗎？這是一份有益的工作嗎？你會不會認爲我在爲惡？如果我告訴你，我有兩個小孩要養，最小的那個生病了，但政府未能提供足夠協助，我付不起她的醫療費用，到處找工作卻只能找到一些部分工時的工作，賺的錢根本不足以支付龐大的醫療費用，只好來這工廠工作。我知道，這是一份可怕的工作，我痛恨它，我痛恨自己做這份工作，但是它的薪資不錯，我的孩子可以活命，我別無選擇。你還會認爲我在爲惡嗎？

我用了一個極端的例子來說明我的觀點，有無數更微妙、但利害更隱伏的例子。比方說，假設我是一名律師，我想接孩童受虐、勞工集體抗爭，或是大企業被控污染環境、傷害許多人生命的集體訴訟案件，因爲我想幫助人們減輕苦痛，但這些案子的收入不佳，於是我轉而爲跨國企業工作，成爲人們所謂的「專利流氓」（patent troll），騷擾那些想要推出便宜藥品的小公司。諸如此類的例子，不勝枚舉。

努力工作，只要盡全力，你終將成功，這是十分激勵人的工作倫理觀點；不幸的是，在多數情況下，這只是一種錯覺。

以前的情況不同，現在也能找到一些令人鼓舞的例外，但是這種正面的例子愈來愈少、愈來愈不尋常了。我遊歷過三十多個國家，在旅程中，我常常停下腳步和露宿街頭的街友們交談，聽他們的故事，和他們分享食物，有時甚至睡在他們的旁邊，無論那是在人行道上或火車站前。無家可歸者、乞丐、小偷、醉漢、犯罪者，這些全是體制未能提供他們公平機會的徵象，說這些人不夠努力，至少可以說是一種侮辱。

我並不是要寬恕犯罪活動或暴力行為，或是提供辯解。我認為，人往往是被環境所逼而走上極端，不承認這點不僅是不誠實，也完全缺乏同理心。若說這些人天生就是懶鬼、小偷，淪落至此是自找的，試問，何以各國的懶鬼和罪犯人數差異這麼大？縱使在一個國家內，為何各地區、城鎮與街坊社區的懶鬼和罪犯人數也差異甚大？為何每一項深入調查都顯示，缺乏教育取得管道與經濟正義，和暴力行為的增加具有正相關性？為何這些負面徵象在貧窮國家最明顯，也見諸富有、但高度貧富不均的國家？

我的旅行與研究工作，使我有幸認識半個世界（約一百個國家）的人們，接觸他們的文化，從他們的故事中學到很多。他們展現的情境和我前述描繪的差不多，場景與攝影或稍有差異，但劇本很相似。

有一次，我在一間餐廳碰到一位黑人向我兜售廉價、無用的東西，藉此賺點錢過日子。我向他買了一盒打火機（雖然我不抽菸），順道請他喝了一杯咖啡，跟他聊聊天。在坐下來之前，他看起來像個沒受過什麼教育的人，胸無大志。但是坐下來，我用平等的方式對待他之後，有趣的事便發生了。他卸下僞裝，幾秒鐘前難以清楚說上幾句話的這個傢伙，突然變成能夠流利地說三種語言。他告訴我，他是奈及利亞人，非法移民來義大利，他從奈及利亞的大學經濟系畢業，但在本國找不到工作。眾所周知，奈及利亞是全世界最貪腐的國家之一，[121]就連工友也得賄賂官員才能找到工作。

透過合法管道入籍義大利的過程極其艱難、昂貴，他在非洲歷險幾週後來到地中海邊，然後搭乘充氣艇展開近乎自殺的偷渡航程，船上半數乘客喪命。抵達義大利後，他就開始找工作，但四處碰壁——縱使在歐洲，種族歧視與對陌生人的懼怕心理仍然強烈。最後，他靠著在街頭行乞，以及販賣沒人需要的廉價物品，賺取足夠的錢養活自己和留在非洲的家人。他很想找份合適的工作，但沒人雇用他，因爲他沒有證件（再加上多數義大利人仍有種族偏見。）然而，除非找到工作，否則他不可能取得合法證件。試問：他能有什麼選擇？

這個小故事和「工作倫理」的觀念有何關連？類似這樣的故事絕非個案，而是變得愈來愈稀鬆平常。有些人的故事比他糟，訴諸組織性犯罪，這是各國的經濟制度未能照顧其人民，迫使他們走向這種行爲。

出生於貧窮家庭的尋常百姓，情況也好不到哪裡去。統計數字證實了這種情境：過去多年，在多數國家，尤其是工業化國家，社會流動性（social mobility）明顯降低。事實上，倫敦政經學院（The London School of Economics and Political Science）[122]和《社會科學與醫學》（*Social Science & Medicine*）期刊[123]的調查顯示，英國及美國的社會流動性是經濟合作暨發展組織會員國當中最低者。不論多麼努力，窮者恆窮，富者恆富。

11 追求幸福

十七世紀末期，英國哲學家理查・坎伯蘭（Richard Cumberland）倡導：「他人福祉是我們追求自身幸福必不可缺的要素」，[124]約翰・洛克（John Locke）倡導：「至善的智性是審慎、持續地追求純正穩固的幸福。」[125]這些概念是如此地權威、有力，以至於被納入《美國獨立宣言》中，被一些人視爲英語史上最精心雕琢、最具影響力的文句之一。[126]生命、自由與追求幸福，被列爲所有人不可剝奪的權利，這些概念超越美國社會。但如果人們沒有同等機會行使這些權利的話，這些權利就稱不上是權利，它們不再是權利，而是「特權」，而特權可以被出售，與其他任何可被販賣的東西無異。不過，先別管我怎麼想或你怎麼想，我們來看看事實。

如前所述，有充分研究顯示，社會與經濟的不均是結構性問題。也就是說，若你出身貧窮，就算你每天辛苦工作十二個小時，你可能一生都還是貧窮；同理，若你出身富有，你可能一生都富有。

徵諸這些研究發現，那些出身貧民窟而幸運變成百萬富翁、被媒體大書特書的例外，只能被視爲一種病態、不當的欺騙，是哄人受騙的童話故事，也是更凸顯「現狀」的殘酷伎倆——窮人相爭殘羹剩飯，最富者得以享受豐盛佳餚。

當然，還是有人能夠成功擺脫貧窮。若你很聰明，十分善於直接行銷，建立了堅強的人脈關係，你可能最終會賺很多錢。但是，平均每出現一個成功的例子，就有另外一千個失敗的例子，這個體制的本質就是這樣。

我們來看一個例子：紐澤西州的肯頓鎮（Camden），它是一個人口僅七萬出頭的小城鎮，以人均所得來看，它是全美最貧窮的城市，也是最危險的城市。二〇〇八年，肯頓鎮的暴力犯罪率爲平均每十萬人有二三三三件，遠遠高於全美平均暴力犯罪率的平均每十萬人有四五五件。當地的實際失業率難以確定，可能約三〇%至四〇%；此外，有高達七〇%的高中生輟學，只有十三%的學生通過紐澤西州的數學能力鑑定考試。該鎮預期在未來幾年將大砍預算，近半數的警力將被裁員。記者克里斯・海吉斯（Chris Hedges）如此描繪這個小鎮：[127]

肯頓鎮是人類排泄物及後工業時代美國廢棄物的丟棄地。四十英畝河濱地上的大片汙水處理廠，每天處理肯頓鎮五八〇〇萬噸的汙水，散發出來的惡臭飄至該市的街道上，久久不散。該鎮還有一座排出毒煙的巨大垃圾焚化場，以及一座州立監獄、一座大型水泥廠，還有堆積如山的廢金屬餵入一座大型碾碎廠。數千棟腐朽棄屋散布在肯頓鎮的街道兩旁，隨處可見無窗的廢棄工廠和加油站，雜草叢生的空地上堆滿了垃圾和舊輪胎，無人打理的公墓野草蔓生，商店用木板封起。這座小鎮貪腐猖獗，二十多年間有三位市長鋃鐺入獄，五名警員被控栽證、濫捕、提供毒品給妓女以換取資訊，其中兩人獲得保釋，另外三人已經認罪。

在這種環境下，肯頓鎮民如何能夠追求幸福？他們有何自由可言？他們只有三種自由：變成罪犯的自由、變成罪犯受害人的自由，或是搬離這座小鎮的自由。現在，請你想像一下整個地區或整個國家變成肯頓鎮的模樣，面對這種惡劣的環境，人們無能爲力，尤其是在他們沒什麼知識，沒機會獲得良好的教育的情況下。於是，他們只能做自己懂的東西，那就是各種形式的部落文化——幫派、賣淫、毒品、輕微犯罪。這是他們的錯嗎？不完全是。他們被欺詐，被剝奪了尊嚴，被剝奪了追求幸福的機會，沒有人傾聽他們微弱的憤怒聲，他們的雙手沾滿失去機會之血。

馬丁．路德．金恩曾說：「我們或許該在這個世代懺悔，不僅僅是爲惡人們的刻薄言語和暴行懺悔，也爲良善者的沉默與漠不關心懺悔，他們只是閒坐著說：『等候時間吧。』」[128] 一個世代過去了，我們仍在坐等著。科技可以讓我們作出人類史上最大的轉變，讓七十幾億人都有公平、相同的機會追求幸福，但是我們仍在坐等著，觀看《美國偶像》（*American Idol*），[129] 或是在黑色星期五彼此爭搶不到一週後就會丟棄的東西。[130]

問題之一是，我們仍然相信一個迷思：天道酬勤，只要願意努力，必定有所回報。一世紀以前，當經濟是實物型經濟，賽局不是操控在企業掌權者和金融機構之手的年代，或許如此。但現在，這只是錯覺面紗、媒體雋語，不過是一種行銷工具，呼籲人們相信不可能與達不到的境界。這種妄想之所以繼續存在，主要是因爲我們不想相信它是妄想，我們拒絕相信自己無法改善境況，因爲我們渴望像「他們」一樣，想加入他們的「俱樂部」。

事實上，不論何地，不論哪個國家，不論哪種文化，不論哪種宗教，不論使用什麼語言的地區，人們打從出生就被灌輸這種價值觀。我們意識中根深蒂固的普世價值觀是追求成功，而這所謂的「成功」，指的是擁有好的財務和社會地位。若我們成功，必然是因爲我們工作得愈賣力，就會變得愈富有。

無疑地，有一群人屬於這一類，那就是我們高度尊崇、渴望仿效的那些商業英才、發明家與創新者，這些聰穎之士在設計、技術、商業、藝術、政治或社會領域帶來破壞性的變革。可惜的是，也有一群人未能贏得他們的地位，而且人數可能遠比你想像的還要多。

如果只要努力就能變得富有，那麼早就應該有無數的非洲婦女變成百萬富翁了。英國作家喬治・蒙比爾特（George Monbiot）如是說：[131]

> 說那最富有一％的人是憑藉自己的本領，因爲他們具有優異的才智、創造力或幹勁，這是自我歸因謬論（self-attribution fallacy）的例子，把不該是你居功的成果歸功於自己。許多當今的富人之所以富有，是因爲他們能夠抓住特定工作，但這主要不是歸因於才智，而是歸因於無情地剝削他人，再加上出身夠幸運，因爲這類工作大多被出生於特定地區與特定階級的人囊括了。

行爲經濟學大師、諾貝爾經濟學獎得主丹尼爾・康納曼（Daniel Kahneman）發現，超級富有者的表面成功只是一種認知上的錯覺，他分析二十五位財富顧問在八年間爲非常富有者投資理財的成果，發現他們的績效完全沒有一貫性，他說：「這就像擲骰子比賽一樣，靠的不是技巧。」那些獲得最高分紅的投資顧問純粹只是幸運，而且這種結果不是什麼特例，它們一再重複，顯示出華爾街那些獲得巨額酬勞的交易員和基金經理人只是幸運罷了，他們的技巧並沒有比丟擲銅板的猩猩來得好。康納曼嘗試指出這項事實，卻遭到漠視。他寫道：「對技巧的錯覺，並非只是個人問題，而是深植於我們的文化中。」[132]

問題還不僅於此。心理學家貝琳達・柏德（Belinda Board）和卡塔莉娜・弗利桑（Katarina Fritzon）在《心理學、犯罪與法律》（*Psychology, Crime & Law*）期刊上，發表她們對三十九位英國一流企業高階經理人及執行長所做的心理測試。接受同一項心理測試的，還有英國布羅德莫醫院（Broadmoor Hospital）的病患，他們都患有嚴重的精神疾病，犯下重罪後被送到該處監禁與治療。柏德與弗利桑對這些病患和三十九位高階主管進行病態人格特徵跡象測試，結果令人吃驚：這些高階主管的得分相同或高於這些已被診斷出有病態人格的病患的得分。換言之，這些病態人格特徵和企業尋求的高階主管特徵很相近——善於奉承和操縱有力人士、自我中心、強烈的理所應得感、喜於剝削他人，最明顯的是，欠缺同理心與良心，但這些特質非但不會阻礙他們的資歷發展，反而有助於他們的升遷與成功。[133]

心理學家保羅・巴比雅克（Paul Babiak）和羅伯特・海爾（Robert Hare）在合著的《穿西裝的蛇》（*Snakes in Suits*）中指出，舊的企業組織架構已被日新月異的彈性架構所取代，團隊合作者不如好勝冒險者搶眼，有病態人格特質者更容易受到青睞。兩人的結論相當陰暗且令人沮喪：若你有病態人格傾向，又出身貧窮家庭，你可能會淪落監獄；若你有病態人格傾向，但出身富有家庭，你可能會讀商學院。當然，這不是指所有企業高階主管都有精神病，很多高階主管是很正派的人。不過，有件事很清楚：在過去幾十年，我們的經濟體系顯然酬庸了不當的技能。

這個世界在過去五十年改變了很多，以前的人們爲了改善生活而努力工作，現在不一樣了。以前的人會思考自己所做的事，現在的人大多遵從指令——縱使是沒道理的指令。現在的經濟，大部分是金融交易的「幽靈經濟」（ghost economy）、獲利最大化的方法與電腦演算法，並不在乎影響與後果。我們讓極少數人掌權的程度已經到了瘋狂的地步，今天一四七個規模比國家還要大的超級企業構成的蝴蝶結結構，形成掌控全球四〇%經濟的超級經濟體。[134]

我們已經變成什麼模樣了？

12 蠍子與青蛙

有一天，一隻蠍子在牠住的山上環顧，想了想，決定要來個改變。牠翻山越嶺，爬岩攀藤，來到了河邊。

這條河又寬又急，蠍子停下腳步，思考眼前的情況，找不到渡河之道。牠沿著河邊上上下下查看，心想，搞不好得打道回府了。

突然間，牠看到一隻青蛙坐在對岸河邊，決定商請青蛙幫助牠渡河。

蠍子隔河呼喚：「嗨，青蛙先生！你能不能好心地背我渡河啊？」

「這個嘛，蠍子先生，我怎麼知道要是我幫你的話，你不會想殺了我呢？」青蛙猶豫地問。

「怎麼會呢？我要是殺你的話，連我也會一起死。我不會游泳啊！」蠍子回答。

青蛙一聽，似乎很有道理，但是牠仍然感到不安，於是再問：「說不定等我靠近你那邊的河岸時，你還是可以殺了我，再回到岸上啊！」

蠍子同意道：「話是沒錯，但是這樣一來，我就無法渡河了嘛。」

「嗯……但是我怎麼知道，你不會等我們渡了河後再殺我呢？」青蛙說。

「啊……」，蠍子低吟了一下，說道：「你要是幫我渡了河，我感激都還來不及呢！怎麼會用殺了你來報答你呢，那太不公道了，不是嗎？」

於是，青蛙同意背蠍子過河。牠游到對岸，駐足岸邊軟泥，搭載這位乘客。蠍子爬上青蛙的背，牠的利螯扎進青蛙的表皮，青蛙滑入河裡。河水混濁湍急，青蛙奮力浮在水面上，以免蠍子溺水，牠用力張蹼划水前進。

過了半個河寬，青蛙突然感到背後一陣刺痛，牠從眼角瞥見蠍子把螯抽離自己的背，青蛙的腿開始漸漸痲痺。

青蛙罵道：「你這個白痴！這下咱們倆都沒命了，你爲什麼要這麼做？」

蠍子聳聳肩，在逐漸沉沒的青蛙背上小小掙扎了一番，「我忍不住啊，這是我的天性嘛！」這是蠍子的最後一句話。

心理學課程常用這個故事來解釋了解本性難移的重要性。訴諸理智，找理由，做競爭分析，這些往往無濟於事，有時事情的本質就是這樣，改變不了。我們必須認知資本主義的本質，它是一股無束縛的力量，把金錢、獲利，以及最終的經濟成長目標擺在優先於生活本身。真實世界的例子太多了，俯拾即是。除非我們採取行動，修正現在的資本主義制度，否則一些不幸的人將在地球冒煙的餘燼中呆坐在黃金堆上。

135

我在上一章的最後提出了這個疑問：「我們已經變成什麼模樣了？」其實，更好的疑問是：「我們已經讓自己被操縱成什麼模樣了？」我們追求經濟成長的典範是基於這樣的假說：成長意味著更好的生活，因此人們必須適應。工作，消費，生產，這個循環周而復始。

13 成長與幸福

長久以來，我們似乎太過於爲了增加物質，犧牲個人的美德和社會價值觀……國民生產毛額（Gross National Product, GNP）包含了空氣汙染、香菸廣告、在壅塞的公路上努力清出一條前進之路的救護車、住家大門上裝的特製鎖、監禁闖入住家者的牢獄、被砍伐破壞的紅杉林、消失於雜草叢生中的自然景觀，國民生產毛額也包含汽油彈、核彈頭、對抗城市暴動的武裝警車、白人的來福槍和史佩克（Richard Speck）*的殺人刀，以及爲了賣玩具給小孩而美化與宣揚暴力的電視節目。

* 美國連續殺人犯，在一九六六年凌虐、強暴、殺害八名芝加哥護士學校的學生。

但國民生產毛額並沒有爲我們的孩子帶來健康、教育品質或玩樂的趣味，它不包含詩詞之美或婚姻的優點，也不包含公眾辯論的智慧或公務員的誠正，更沒有計入我們的機智與勇氣，或是我們的智慧與學習成效……它計算一切短暫的東西，但並非那些使生命有價值的東西。

——羅伯特・甘迺迪（Robert F. Kennedy），一九六八年三月十八日於堪薩斯大學（University of Kansas）的演講

所得決定我們的生活水準，這幾乎成爲一種定義，但你可曾停下片刻，思考過經濟成分到底是不是我們人生中最重要的成分？很少人質疑這點，因爲它幾乎已是必要條件，只要看看電視新聞、閱讀各大報紙、聽聽政治辯論，這件事顯然無庸置疑。政治人物能否當選，得看他們的競選文宣能否有效說服人們相信他們的政策將帶來更多就業機會，進而促進經濟成長。不知爲何，他們把這些和自由與民主扯上關連，新聞媒體也這麼跟進。

這只是我的感覺，我從生活在這個社會和接收到的新聞所產生的感覺。看起來好像是這樣，但我不喜歡只談「看起來」的樣子，我喜歡事實和有佐證的確切資料，所幸資訊革命使我們能夠自行在幾秒鐘內查詢並找到公開的資料紀錄——未經過濾與審

查的資料。

使用谷歌搜尋透視（Google Insights for Search），可以看出搜尋字詞在網路上歷年來的熱門度變化。我輸入搜尋字詞「成長」（growth）、「幸福」（happiness）、「GDP」，並在右邊欄位的篩選器項目分別選擇「新聞搜尋」（News Search）、「全球」（Worldwide）與「二〇〇八年至今（二〇一一年）」（2008–present），得出下頁圖表13.1的結果。當然，這個查詢結果只適用於英文網站，主要是美國、印度、新加坡、澳洲、英國和加拿大。從圖表13.1的曲線圖可以明顯看出，搜尋字詞「成長」和「GDP」的熱門度是「幸福」的十倍左右。你可能會抗議，認爲「成長」在不同背景脈絡中有不同含義，查詢「經濟成長」（economic growth）會是較爲可靠的比較，這雖然有部分正確（但不公平，因爲由兩個字詞組成，篩選器會過濾掉許多結果），但無助於解釋爲何「GDP」的熱門程度會高於另外兩個搜尋字詞。難道我們眞的認爲GDP比生活中的幸福重要十倍嗎？

當然，我們對一件事物的談論量多寡，並不完全和我們對此事物的重視程度呈正相關；儘管如此，卻能讓我們看出一個社會的普遍文化趨勢，亦即一個社會的「時代思潮」（zeitgeist）。新聞頻道高談闊論許多有關於經濟成長的報導，彷彿經濟成長就是解決多數人問題的萬靈丹，於是我們相信「成長＝繁榮」這條公式——繁榮自然是件

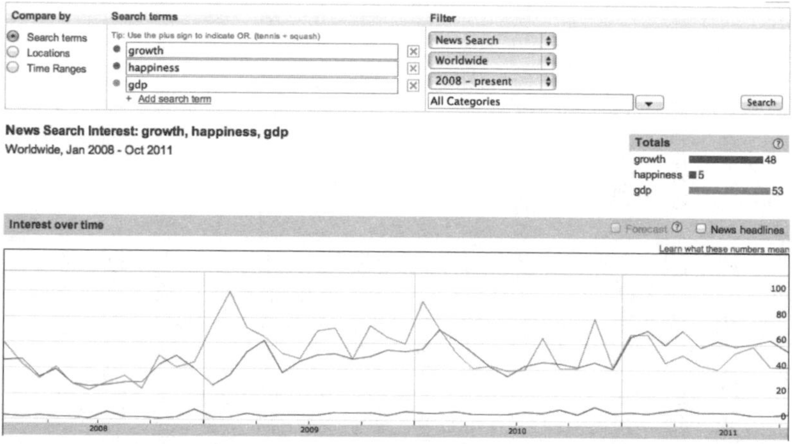

圖表 13.1 用谷歌搜尋透視（Google Insights for Search）比較搜尋字詞「成長」（growth）、「幸福」（happiness）、「GDP」在 2008 年至 2011 年間的熱門度變化

好事啊。不僅如此，成長是近乎所有經濟體的基石，而且我們也用負面語氣使用「衰退」（recession）這個字詞，描繪經濟活動的普遍減緩，包括就業、投資額、產能利用率、家戶所得、企業獲利、通膨，但破產件數和失業率則是描述爲「攀升」。

新聞的「時代思潮」看起來夠明顯了吧，但文學、書籍和小說等的呢？應該會有所不同，專業作者的作品應該不會和那些鄙俗的新聞報導一樣，對吧？二○一○年，一群研究人員想出一個利用所有可得的人類知識的好點子，他們建構了一個數位化語料庫（text corpus），內含人類史上所有曾經印刷過的書籍（約五二○○萬冊）的四%。他們指出：「分析這個語料庫，能讓我們以量化方式調查文化趨勢。我們調查了大量的『文化基因組學』（culturomics），聚焦於一八〇〇年至二〇〇〇年間以英語反映的語言及文化現象。我們展現出這個方法如何提供各領域的洞見，例如詞彙編纂、文法演進、集體記憶、技術的採納、名氣的追求、審查制度和歷史流行病學等。文化基因組學把嚴格的量化研究界限予以擴展，延伸應用於社會科學和人文學科領域的廣泛新現象。」[136]

Google Ngram Viewer（或名 Google Books Ngram Viewer），就是這種文化基因組學的先驅之一。它能夠根據巨量資料，快速、準確地量化文化趨勢，我們可用此項工具來檢視我們感興趣的主題在文化中的歷時發展情形。

從下頁圖表13.2可以看出，一八〇〇年至二〇〇八年間，「幸福」和「成長」呈現負相關，「成長」提高、「幸福」降低。一八七五年，書籍作者們談論「成長」的頻率，開始多於談論「幸福」的頻率。客觀地說，這種相關性並不隱含因果關係，光看著述中談論某個事物，也無法看出全貌，因爲這些資料分析只是顯示這些字詞在書籍中出現的次數，不提它們的前後文脈絡或含義，所以作者們也可能是在談「失去幸福」，或是其他更微妙的東西。不過，資料的確顯示，作者們對「成長」的興趣增加了，變得沒那麼關注談論「幸福」了。

過去五十年，出現了很有趣的變化，且讓我們把查詢期間改爲一九四〇年至二〇〇八年，把曲線圖放大一點，好看得更仔細一些。如圖表13.3顯示，這種相關變得更加明顯，我在這個查詢中選擇比較更明確的「經濟成長」，以排除此分析中其他可能的干擾因子。在一九五〇年至一九九五年間，書籍作者們談論「幸福」的頻率下滑，談論「經濟成長」和「GDP」的頻率增加。之後則開始出現逆轉，書籍中談論「經濟成長」和「GDP」的頻率開始微幅下滑，談論「幸福」的頻率則是明顯增加。我要再次強調，相關性並不等於因果關係，不過這些資料的確有重要含義。

超過半個世紀的期間，我們的文化一直在灌輸及強化一個觀念：追求成長、工作及經濟擴張，就算它們不是我們生活中最重要的目標，應該也是重要目標之一。然而，這樣的觀念已經開始受到質疑，並且漸漸碎裂——你正在閱讀的這本書不是沒來由的，它就是受到我們正在歷經的這種文化改變的影響寫就的。從圖表13.3可以看出，自二〇〇〇年起，這種文化改變持續穩定發展中，現在的書籍更常談論「幸福」，對「GDP」和「經濟成長」的興趣漸漸消退了。

我撰寫此書的初始動機，便是認知到社會應該不要再那麼關注GDP指標，應該嘗試關注幸福的最大化，使用「國民幸福總值」（Gross National Happiness, GNH）、「幸福星球指數」（Happy Planet Index）或「生活滿意度指數」（Satisfaction with Life Index）之類的指標。這似乎和技術愈來愈取代人力的事實很搭，我心想，用新觀點來看待這個

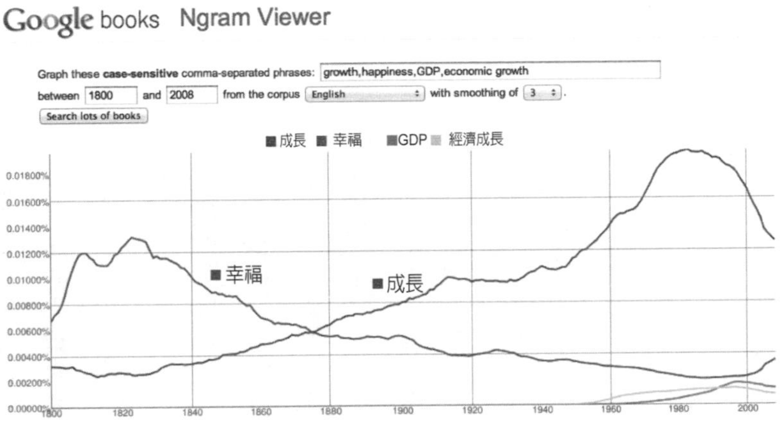

圖表 13.2 使用 Google Ngram Viewer 搜尋「成長」、「幸福」、「GDP」和「經濟成長」在 1800 年至 2008 書籍中出現的頻率變化趨勢。

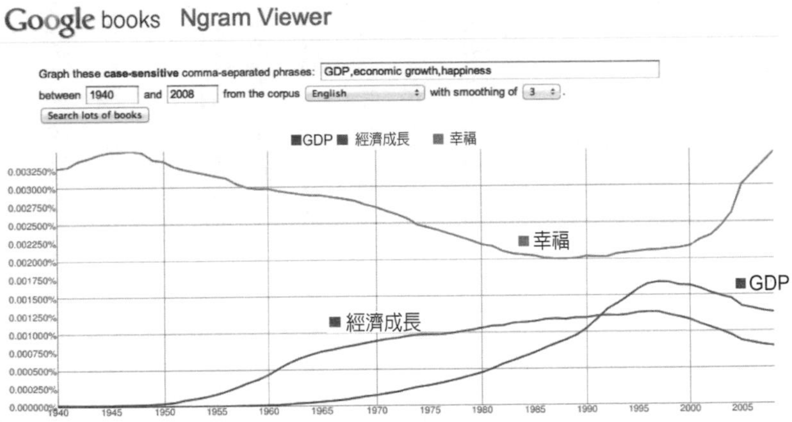

圖表 13.3 使用 Google Ngram Viewer 搜尋「GDP」、「經濟成長」和「幸福」在 1940 年至 2008 年間書籍中出現的頻率變化趨勢。

主題，或許可在如何應付此挑戰方面獲得一些洞察。依我所見所聞，來自社會學、人類學及其他科學領域的大量研究顯示，賺更多錢未必使人更幸福、快樂。也就是說，你有多少錢和你有多幸福這兩者之間並不存在正相關；用一句話來說，就是「金錢不能爲你買到幸福」。

不過，更仔細查看我的資料來源後，我發現我的初始假說並不完全正確。身爲科學家，我必須檢視證據，質疑自己的看法。儘管這一開始令我感到不安，深入探索後，我發現有關幸福的研究，是很錯綜複雜的世界，遠比我當初以爲的更爲複雜。

南加大經濟學教授理查．伊斯特林（Richard Easterlin）在一九七四年任教賓州大學（University of Pennsylvania）時，發表了一篇著名的研究論文〈經濟成長能使人們的幸福大增？一些實證證據〉（"Does Economic Growth Improve the Human Lot? Some Empirical Evidence"），[137]探討增進幸福的因素。他發現，人們感受的平均幸福水準，並不會隨著人均所得的變化而明顯改變，至少在所得水準已經足以滿足人們基本所需的國家是如此。美國的人均所得雖然在一九四六年至一九七〇年間穩定成長，但人們感受的平均幸福水準並未呈現什麼明顯的長期趨勢，而且平均幸福水準在一九六〇年至一九七〇年間反而下滑。

基本上，一個國家擺脫貧窮後，所得水準和幸福水準之間，就不再存在明顯的相關性了。這些研究結論被稱爲「伊斯特林悖論」（Easterlin Paradox），後續的一項研究再度證實了這些論點，該篇研究報告發表於二〇一〇年出版的《美國國家科學院論文集》（*Proceedings of the National Academy of Sciences*），以三十七國的抽樣資料再度確證前述這項悖論。[138]該篇研究報告下了此項結論：

> 這告訴我們什麼呢？若經濟成長不是通往更大幸福的主要途徑，什麼才是？這裡提供一個簡單但幫不上忙的答案，就是我們需要更多研究。或許，更有助益的研究是能夠指出政策必須更直接聚焦於和健康、家庭生活，以及對物質偏好的形成等有關的個人迫切需求上，而非只是聚焦於物質產品的提升。

爲何會存在「伊斯特林悖論」？一個可能的解釋是認知行爲研究者所謂的「適應」（adaptation）。若你改善了生活水準，你很快就會「適應」這種生活水準，它會變成一種常態，你的期望便會提高，這形成所謂的「快樂跑步機」（hedonic treadmill）。

想像你在跑步機上，希望達到你的最終目標——快樂，它就端坐在你的眼前。你開始走步，跑步機開始動起來，速度和你一樣——那是你導致跑步機開始走動的！走著走著，你可能獲得些許滿足，但在你獲得之後，很快就忘了，因爲你的最終目標仍然端坐在那兒。於是，你加快步伐，開始跑了起來，但跑步機也跟著跑起來，不論你多賣力嘗試，你只是在追逐一個永遠達不到的夢想。錢進來得愈多，你的渴望也變得愈大、愈難達成。

另一個可能的解釋是「相對論效應」（relativistic effect），也就是美國俚語「向瓊斯一家人看齊」（keeping up with the Joneses），總是拿自己的成就跟旁人比。美國諷刺作家亨利·路易斯·孟肯（H. L. Mencken）有句名言：「富有的男人是一年比連襟多賺一百美元的男人」，[139]意思是說不管你多富有，就是得比周遭的人更富有才行。甚至有研究人員對人們進行調查，問他們：有兩種境況，第一、你辦公室裡所有同事的年薪都是六萬五千美元，只有你是七萬美元；第二、所有同事的年薪都是八萬美元，只有你是七萬五千美元，你會選擇哪一種？換言之，研究人員是在問他們：比較重要的是你賺了多少錢，還是你比其他人賺更多錢？調查結果是，多數人寧願收入較低，只要比周遭人都高就行了。[140]

據說，歌劇明星瑪麗亞·卡拉絲（Maria Callas）和英語教授史丹利·費雪（Stanely Fish）都用過這種議價策略。費雪受聘於大學英語系時說：「我不想談薪水，我心裡沒有一個特定數字，你們給我的薪水只要比這系上目前最高薪的人多一百美元就行了。」瞧，教授很懂得幸福之道呢——真可惜，整個英語系只有一個人能夠得到這種幸福。

結論是，因爲我們快速適應新環境，幸福就變成一種相對的東西。伊斯特林證實，金錢未必使人變得更幸福。所以，有結論了，這個話題就可以畫下句點了？不，還早呢。

14 所得與幸福

經濟學家貝齊・史蒂文森（Betsey Stevenson）、賈斯汀・沃佛斯（Justin Wolfers）及安格斯・迪頓（Angus Deaton）等人，近年使用蓋洛普世界民意調查（Gallup World Poll）取得的新資料，進行有關所得與幸福關係的研究，獲得了一致的結論：在各國，金錢的確能夠使人們變得更幸福。[141]

爲何會這樣？這個結論正好和「伊斯特林悖論」相反，不是嗎？兩種都是在控制其他變數下進行的科學研究，而且都是來自頗具聲望的學者，研究方法與數據可供檢驗，爲何會得出截然相反的結論？這個問題在學界引發激辯，迄今尚未得出共識。

當我熱切鑽研「幸福」這個主題時，偶然看到了卡蘿・葛拉罕（Carol Graham）的研究。葛拉罕在《這個世界幸福嗎？》(*Happiness around the World*) 與《幸福經濟學》(*The

Pursuit of Happiness）這兩本書中，對幸福這個主題的研究有透徹分析和精闢洞察。她指出，一切取決於你詢問的問題，「幸福」是一個廣義詞，描繪了種種感覺，而非單一種心情。

伊斯特林的研究詢問受訪者一個開放式問題：「大致而言，你對自己的生活感到幸福嗎？」蓋洛普世界民意調查使用「坎特里爾生活階梯量表」（Cantril's Ladder of Life Scale）的問題來詢問受訪者：「請想像一個十階階梯，最低階是〇分，最高階是十分，最高階代表對你而言最好的生活，最低階代表對你而言最差的生活。你覺得，自己目前站在哪一階，請用分數來表示？」你可以看出，這兩個是非常不同的問題，形成大不相同的文脈，因此具有不同含義。

伊斯特林的研究評量的是「情緒幸福感」（Emotional Well-Being），亦即個人每天的情緒感受，也就是那些使人覺得生活如意或不如意的快樂、壓力、悲哀、憤怒、傷心等感覺的頻率和強度。蓋洛普研究評量的是「整體生活評估」（Life Evaluation）或「滿意度」（Satisfaction），衡量人們對自身生活境況的看法。兩種研究可能得出不同結果，但是都正確。由於它們評量的是不同種類的幸福，這兩種結果並不存在相互抵觸的問題。

這似乎已經釐清不同研究得出不同結論的癥結了，解決結論相悖的問題，對吧？

還沒有，因爲還要考慮「適應」現象。如前章所述，伴隨生活水準的提高，我們的期望也會提高。葛拉罕與另一位經濟學家艾都瓦多．洛拉（Eduardo Lora），把人們適應較低生活水準的現象稱爲「無幸福成長的矛盾」（paradox of unhappy growth）。他們觀察到，在考慮人均GNP後，平均而言，經濟成長率較高國家的受訪者的幸福感低於經濟成長率較低國家的受訪者。原因之一是，伴隨經濟成長而來的，往往是不穩定性的提高和不均情形的惡化，這些會使人們變得很不快樂。[142]此外，相較於適應不確定性，我們較能適應令人不愉快的確定性。葛拉罕寫道：

雖然幸福的決定因素型態在世界各地明顯穩定、一致，但也不能忽視人們對繁榮與困境的優異適應力。因此，阿富汗人和拉丁美洲人一樣幸福（他們的幸福感高於世界平均值），肯亞人對他們的醫療保健水準的滿意度和美國人相當。儘管犯罪令人們憂愁與不滿，但是犯罪案件多了，人們也漸漸適應，犯罪率對人們幸福感的影響程度便降低；貪腐也是一樣。若周遭人都肥胖的話，身居其中的肥胖者比較不會那麼憂鬱。自由與民主令人們覺得幸福，但若身處的環境較少見到自由與民主的現象，那麼這兩項因素對幸福感的影響程度也就沒有那麼高了。結論是，人們能夠適應嚴重困境而仍然保有他們天生的樂觀，但人們也可能在幾乎擁有一切（包括良好的健康）後，仍然感到自己不幸。[143]

幸福這件事，好像開始變得很複雜了。

這些研究都是在探索經濟因素在不同國家對人民幸福感的影響力，但是在同一個國家的人們呢？所得或經濟成長和幸福感也存在關連性嗎？是怎樣的關連性呢？明顯嗎？

在二〇一〇年出版的《美國國家科學院論文集》中，諾貝爾經濟學獎得主丹尼爾·康納曼及其普林斯頓大學（Princeton University）的同事安格斯·迪頓，發表了一份共同研究報告回答了這個問題。[144]保健服務業者海德威公司（Healthways）和蓋洛普，自二〇〇八年起展開為期二十五年的合作，對美國居民的幸福感進行長期廣泛的調查，製作出「蓋洛普—海德威幸福指數」（Gallup-Healthways Well-Being Index）。他們每天對至少五百位年齡在十八歲以上的美國居民進行訪查，迄今受訪者已經超過兩百萬人。康納曼和迪頓分析這項調查當時已經完成的四十五萬名受訪者，兩人得出的結論是，這些人的生活滿意度穩定地隨著所得提高而上升（受訪者用一到十分對自己的各項生活狀態作出評分。）也就是說，這項研究顯示，在一個國家內，所得水準的確和生活滿意度呈現正相關。不過，這其中有個必須注意的地方：生活滿意度並非隨著所得水準的提高而成同比例上升，它們之間呈現對數型正相關。

前文探討過的指數成長，在此可以派上用場。舉例而言，你一年的所得是三萬美元，假若你的年所得增加三萬美元，將使你在生活滿意度階梯上大幅躍升。但是，等你站上更高的階梯後，所得必須指數成長，才能使你的生活滿意度曲線有所移動。因此，對一個年所得一億美元的人來說，多賺個一、兩百萬美元是不痛不癢，但是多賺個十億美元，他的生活滿意度曲線就會動了。

另一方面，在所得達到一定水準後，這些受訪者的「日常情緒感受值」（Quality of Emotional Daily Experiences），例如快樂、壓力、悲哀、憤怒、傷心等感受，將趨於平緩，不再隨著所得提高而明顯波動。年所得超過七萬五千美元後，所得的再增加，並不會使人們的情緒幸福感提高，也不會使他們感受更強烈的不快樂或壓力。但是，低於此所得水準（年所得七萬五千美元），所得愈低的受訪者，快樂感愈低，悲哀和壓力感愈高。這意味所得愈低，生活中的不幸（包括疾病、離婚、孤獨等）所帶來的痛苦感愈強烈。

結論是，金錢可以爲你買到生活滿意度，但無法爲你買到情緒幸福感。沒錢，可能導致既不滿意生活，也感覺不幸福。

那麼，這些討論將把我們帶到哪裡？各位應該看得出來，關於幸福這件事，真的比想像中的還要複雜，現在還不能驟下結論，還有一些東西要探索。

15 幸福

「金錢不能爲你買到幸福，但它還是有用處。」[145]

「我希望人人都能變得富有、出名，獲得夢想許久的一切，這樣他們就會知道，那並不是解答。」[146]

幸福是很奧祕的東西，它難以捉摸的程度，高深猶如我們渴望獲得它的程度。數千年來，人類嘗試追求幸福。有人似乎透過深層冥想，找到了它；有人透過擺脫所有物欲，找到了它；也有人反其道而行，累積了億萬又億萬的財富，最終發現，設立非營利組織及教育或慈善基金會來助人才是最大樂事；有些人則是在每天的簡單片刻中找到快樂。一些哲學家和心理學家說，人類天生無法維持長久的幸福感。多年來，社會學家、人類學家和經濟學家試圖找出使人們感覺幸福快樂的因素，直到不久前，我們有許多關於這個主題的詩詞與藝術，但是相關資料很少。我們仰賴常識、哲理洞察、個人經驗、頓悟，但我們無從確知這些觀點是否反映事實。

有關幸福、生活滿意度、福祉、美好人生、希臘語中的「有德行與目的的人生」（*eudaimonia*），這些全都相互關連，但彼此很不相同。我們到底對「幸福」知道多少呢？我們知道的不多，但我們知道一些放諸四海皆準的科學事實。

首先，我們知道，人類的天性並非只是追求自己的最大幸福。我們生活在小團體裡，和更小圈的朋友建立密切關係。我們試圖傳續我們的基因，會主動逃避侵掠者，害怕未知。我們可能天性追求快樂與立即滿足，但幸福不只是這些，它是遠遠更爲複雜的東西；從進化的角度來說，幸福其實是一種尚未達到的境界。

其次，我們知道，一些決定我們幸福與否的因素跟基因有關。雖然我們不知道這些因素影響幸福感的程度，但我們確知它們具有影響作用。行爲經濟學家詹艾曼紐．德內偉（Jan-Emmanuel De Neve）等人[147]近期做的一項研究結果顯示，人的幸福感差異性可能有高達三分之一的程度是受到遺傳基因影響。[148]你可能會對此嗤之以鼻，認爲這是基因決定論，或是質疑它的正確性。也許，基因影響我們幸福感的程度不是三分之一，而是更低或更高；坦白說，我並不認爲這很重要，至少就目前來說並不重要，但說不定十五年後會變得很重要。[149]我們不妨換個角度來看這件事：你的幸福感大部分並「不是」由基因決定的，所以有很大的進步空間！更何況，關於基因，最重要的是它們的表現，它們的表現有部分受到外來作用影響。生理條件或許左右了我們「基本水準的幸福感」，社會學家稱此爲「設定點」（set point），但是外在因素、我們的行爲與反應等，顯然也扮演了重要的角色。

覺得幸福、感到快樂，擁有幸福的回憶或幸福的體驗等，這些都是不同的心理狀態，不能一概而論。了解這個事實，是探索幸福這個議題的重要關鍵。經濟學家有時使用「生活品質」（Quality of Life）一詞，這個名詞寬鬆定義人們在生活中的概括幸福程度，亦即你有多幸福。但是，「生活品質」也不能確切代表一個人的幸福程度，它是一個指標、一個數據，無法充分描繪你和你的生活；它是一個統計數字，而人並不是統計數字。

幸福是一件很主觀的事，令你感覺幸福的事物，未必會令我感覺幸福，甚至可能在幾年後，這些事物也不再令你感覺幸福了。我們是不斷進化、改變的生物，我們的心智持續不斷地接收來自外在環境與變化的訊息。

幸福是如此地無法預料、易變、高主觀性，它其實是很嚴肅的一個議題。

經驗模擬

我們來做個小實驗。我為你的生活提供兩種可能的情境，第一種情境是你中了樂透彩，贏得三億美元的彩金；第二種情境是你發生嚴重的意外事故，從頸部以下癱瘓了。試問：相較於你目前的情況，哪一種情境會令你感到更幸福，哪一種情境令你感到更不幸？

我很確定，你一定會選擇中樂透彩。有了這筆錢，你可以開始過嶄新的生活。你可能欣喜若狂，展開種種精采的活動。很不幸地，情況恐怕不如你想像的那麼美好，很可能一年後，你就不會像現在這麼快樂，你的生活也可能不會有什麼顯著的改變。事實上，大多數中樂透彩的人反而變得相當不幸，他們失去多數朋友，家庭破碎，自己的生活也搞得一團亂。反觀那癱瘓者最終將接受自己的新境況，學習過癱瘓的生活，這就是「適應」。縱使是動彈不得的病患——完全癱瘓、最多只能動動眼皮（所以仍能與人溝通），幸福感也可能無異於他人。這怎麼可能？

哈佛大學心理學教授丹尼爾．吉伯特（Daniel Gilbert）在二〇〇六年出版的暢銷書《快樂為什麼不幸福？》（*Stumbling on Happiness*）中，解釋了這點及其他更多現象。吉伯特指出，我們在評估自己的長期幸福感時，往往明顯高估了重大事件的影響程度。

從實地調查到實驗室研究都發現，贏了或輸了選戰、獲得或失去戀人、獲得或沒獲得升遷、通過或沒通過大學考試，這些事件的影響程度及影響期間遠比人們預期的還要小。事實上，近期一項研究調查重大心理創傷事件對人們的影響程度，結果顯示，若事件發生已過三個月，除了少數例外，通常已經不會再對你的幸福感有什麼明顯影響。這是因爲我們大腦中司掌模擬未來事件等功能的前額葉皮質區（prefrontal cortex），是很糟糕的經驗模擬系統。

心理學家艾德．迪安納（Ed Diener）的研究發現，你的正向經驗的頻率對你的幸福感的影響程度，遠大於你的正向經驗的強度。[150] 因此，建立或經歷許多微小的幸福時刻，效益遠大於少數零散的偶發重大事件。[151]

但是，贏了或輸了選戰、獲得或失去戀人、獲得或沒獲得升遷、通過或沒通過大學考試，這些事件的影響程度及影響期間，怎麼會遠比我們預期的還要小呢？原因之一是，我們能夠合成快樂；我們以爲快樂是必須去尋找的東西，其實快樂是我們創造的。

這個研究在心理學界很著名，稱爲「自由選擇模式」（free choice paradigm）。這個研究實驗其實很簡單，你帶來一些物件，比如說一些印刷的莫內畫，請實驗對象排序他們對這些畫作的喜愛程度，從最喜愛到最不喜愛。接著，你告訴實驗對象：「我們櫃子裡有一些多出來的畫，我們打算送你一張，讓你當作獎品帶回家。我們剛好有三號和四號。」這是有點困難的選擇，因爲實驗對象對這兩張畫的喜愛程度並無太大的差異，但人們自然傾向選擇三號，因爲根據先前的排序，他們喜愛三號的程度比四號高一點。

過了一些時候，可能是十五分鐘後，可能是十五天後，把同一組物件再擺放在實驗對象的面前，讓他們再對這些物件排序喜愛程度，請對方：「告訴我們，你現在對它們的喜愛程度。」猜猜看，會發生什麼事？順道一提，這不是單一實驗，類似的實驗進行過很多了。相同結果一再出現，讓我們一再看到合成的快樂。幾乎所有實驗對象都會在此時把他們選擇的那幅獎品畫作排序得更高，把他們沒選擇的那幅畫作排序得較低，意思就是：「我獲得的那幅畫眞的比我原本想像的還要好！我沒選的那一幅眞的很爛！」這就是合成的快樂。

爲了證明這不是妄想、不是撒謊，也不是研究錯誤，研究人員對一群有事後記憶障礙症（anterograde amnesia）的病患進行相同實驗。這些住院病患有科爾薩科夫氏症候群（Korsakoff's syndrome），那是一種多發性神經炎精神病，致使他們無法製造新的記憶。他們記得自己的童年，但假若你走進來，向他們自我介紹，然後離開房間，當你再進來時，他們不知道（不記得）你是誰。

研究人員把印刷的莫內畫帶到醫院，請這些病患排序他們對這些畫作的喜愛程度，從最喜愛到最不喜愛，和先前的實驗一樣。接著，研究人員同樣讓他們在三號畫作及四號畫作中選擇一幅當作獎品。他們和其他人一樣，開心地說：「哇，謝謝醫生。太棒了！我得到一幅新畫作。我要選三號。」研究人員告訴他們會把三號畫作郵寄給他們，然後整理東西就離開房間了。過了半個小時，他們返回房間，向病患打招呼：「嗨，我們回來了。」但病患說：「啊，醫生，對不起，我有記憶問題，所以我才會住在這裡。如果我之前見過你，抱歉，我不記得了。」研究人員說：「眞的嗎？吉姆，你不記得了？我剛才帶印刷的莫內畫來過這裡啊。」病患說：「對不起，醫生。我眞的沒印象。」研究人員說：「沒關係，吉姆，我只是想請你把這些畫，從你最喜愛的排序到你最不喜愛的。」

接下來，他們怎麼做呢？嗯，他們還是得先測試一下，確定病患眞的有失憶症。他們請病患指出哪一張畫是他們之前選擇而擁有的，研究人員發現，這些失憶症病患純粹用猜測方式指認。倘若研究人員讓沒有失憶症的你進行這樣的指認，你知道自己先前選擇的是哪一張畫作，所以你可以當作這個實驗的正常對照組。研究人員讓失憶症病患進行這樣的指認，他們根本就不記得了，無法指認，只能純粹猜測。

在半個小時後的第二次排序中，正常對照組會怎麼做呢？先前的實驗已經顯示，沒有失憶症的人會把他們選擇作爲獎品的那一張排序得更高；也就是說，他們會合成快樂。那這些失憶症患者呢？他們同樣也會合成快樂。他們雖然純粹猜測指認出自己選擇而擁有的那幅畫，但接下來，讓他們再排序一次時，他們同樣也會把那幅畫作的排序提高。「我擁有的這幅畫，比我想像的還要好；我放棄的那幅畫，不如我想像的那麼好。」這些人變得更喜愛他們指認自己擁有的那幅畫，但實際上，他們根本不知道自己是否眞的擁有那幅畫。這個實驗結果値得好好思考，因爲這些病患在合成快樂時，其實是在改變自己對那幅畫作的感情、快樂與審美反應。他們這麼說並不是因爲他們擁有那幅畫，因爲他們根本就不知道自己是否擁有它。152

吉伯特教授如此描述他的觀察：

我們竊笑，因爲我們認爲合成的快樂，其性質不同於自然的快樂……自然的快樂是當我們得到自己想要的東西時感受到的那種快樂，而合成的快樂是當我們並未得到自己想要的東西時製造出來的快樂。在現今這個社會中，我們強烈相信合成的快樂是比較次等的快樂，爲什麼呢？理由很簡單。如果我們相信就算得不到自己想要的東西仍然能夠感到快樂，就像得到那些東西時感受到的快樂，試問，經濟引擎還會繼續不斷地運轉嗎？153

的確，企業藉以銷售更多產品的行銷工具，仰賴的是身爲消費者的我們無法正確預測什麼能使我們感到快樂、幸福，於是我們繼續爲那炫耀性消費機器添加燃料，哄騙自己：這能夠減輕不安感，立即的滿足可以帶來幸福。雖然我們明知道那並不管用，但還是繼續犯同樣的錯，而且一犯再犯。

不過，當然還是有希望。如果我們能夠清楚意識到這場騙局，就能幫助自己避開這類陷阱，將生活方向改爲朝往更有益、更眞實的幸福前去——富同理心、懂得合作，在發現新事物時會感到興奮，而且充滿幹勁想做一些有意義的事情。

16 工作與幸福

我覺得我在「幸福」這個主題上探索太多了，但是在此同時，我又發現我連皮毛都還未搔著呢。如果要分析得更透澈，我得寫上一系列的書，但縱使我寫了一系列的書，恐怕也仍然無法涵蓋全貌。我先前提過，我決定這本書要聚焦於幸福和所得的關連性，更重要的是幸福和就業的關連性，畢竟就業是本書的主題。

我們在前文中看到，研究顯示所得和幸福感有關（儘管其中關連性相當複雜且多面向），但我們還不清楚它們之間是否存在因果關係，以及如果存在因果關係的話，孰因孰果？我們知道，比較快樂的人通常比一般人更富有；我們也知道，快樂的人較懂得放鬆、較爲和善、做事較有成效，因此通常較爲成功。那麼，到底何因何果？因果倒置和選擇性偏誤（selection bias）可是嚴重的問題。孤獨、不快樂的人在尋找工作時往往被剔除，他們比較可能失業，並且持續失業。

這裡還要提出另一項疑問：如果人們不必工作，仍然擁有相同所得，他們還會一樣快樂嗎？也許，重要的不是工作本身，而是工作所開啓的門徑（access）——通往一棟好房子、醫療福利、和家人一起度假、和朋友一起看電影……等的門徑。如果不必工作也能夠取得這些，他們還會一樣快樂嗎？

答案是大聲、響亮的「不能」！這大概出乎你的意料，對吧？你可能以爲我會說，要是能讓人們有足夠的錢，或是提供他們取得各種所需的門徑，大家就不必擔心芝麻綠豆之事，就能專注在人生眞正重要的事，這會使他們更快樂。但事實上，光是給人們錢還不夠。如何知道這點呢？因爲我們知道，在其他變數固定的情況下，那些領取全額失業給付者比那些有工作者更不快樂。所以，有沒有工作，眞的有差。

失業對我們的幸福感影響很大，所以這件事值得再深入討論一下。許多研究發現，在許多國家和許多時期，親身經歷失業令人感覺非常不快樂。[154]安德魯．克拉克（Andrew E. Clark）和安德魯．奧斯華（Andrew J. Oswald）在一九九四年發表的開創性研究報告中，如此總結了他們研究社會後得出的發現：「失業對幸福感的打擊更甚於其他任何事件，包括離婚及分居都比不上。」[155]天啊！比離婚和分居的打擊還要大？工作眞的對幸福感影響這麼大嗎？顯然是。

前面段落提過，我們擔心在研判所得與幸福的因果關係時，可能會因爲選擇性偏誤而將因果倒置。這種問題會不會也發生在失業與快樂的因果關係上呢？究竟，是失業導致不快樂？還是不快樂導致失業？許多研究使用蒐集自工作者失業前與失業後的長期資料，發現有明顯證據顯示，不快樂的人的確在勞動市場上的表現較差，但主要的因果關係顯然是失業導致不快樂。[156]社會心理學的研究也得出相似的結論。[157]

在此要先暫停一下，檢視我們到目前爲止的發現。幸福眞的是十分複雜的東西，但我們開始理出一些頭緒了。比起二十年前，我們現在對它擁有更多的了解。我們知道，基因、個人因素（穩定的伴侶關係、家庭、身心健康、良好的教育水準等），以及社會因素（民主參與和社群感等），都會影響幸福。我們知道，我們非常不善於預測未來的幸福程度，往往會高估重大事件對長期幸福感的影響程度。我們知道，心智會扭曲我們的經驗記憶，使我們很容易受到愚弄。我們知道，我們對絕大多數境況與事物的適應力很強，除了一些例外（例如噪音或整型手術等。）[158]我們知道，我們很難走下「快樂跑步機」。我們知道，幸福是一種相對的東西，因爲我們往往拿自己和旁人比較。我們知道，所得水準會影響我們對生活的滿意度（對數型正向相關性），不過只有在一定的所得水準（約七萬五千美元）以下，所得才會影響我們的情緒幸福感。最重要的是，我們知道，擁有工作對我們的幸福感十分重要，失業會嚴重打擊我們的幸福感。

如果工作這麼重要，而我們又即將經歷大規模的失業，那表示我們即將面臨一些很嚴重的問題。失業導致沮喪、消沉、焦慮、喪失自尊心和個人掌控感，無數的研究已經證實，失業者的身心健康比就業者的差。[159]彷彿這些打擊還不夠重的一樣，研究也顯示，失業者攝取大量酒精的傾向也明顯較高，不但人際關係變得更緊張、死亡率較高，自殺的傾向也較高。用一個統計數字來看，也許會更清楚問題的潛在嚴重性：一九七二年至一九九一年間，美國的失業率每上升一個百分點，自殺率約上升一．三%。[160]請試著想像，二五%至三〇%的失業率，將會導致怎樣的局面，看來十分不妙，對吧？

現下來看，我們似乎沒有出路。一方面，我們知道，獲利導向的市場機制需要提高生產力，而自動化可以促成這件事。我們在前文中已經看過這種發展的可能面貌：技術持續呈指數成長，但我們的文化調適不是指數成長，結果難以計數的人可能很快便失去工作，只有少數人能夠跟上步伐學會新技能，找到別的工作。另一方面，我們知道，即使我們找到方法供養失業者，他們仍將過著相當痛苦的生活。

那麼，我們該怎麼辦？設法幫他們找到無意義的工作，讓他們誤以為自己是有貢獻的人——即使他們做的事一點都不具生產力？或者，我們應該立法禁止自動化，以防經濟體系崩潰？但是，別忘了，這種解決方案只能用於公共部門，因爲企業無國界，在效率欠佳的情況下營運，將使它們在全球市場上支撐不了多久。所以，政府——其中大多數都已經破產了——應該設法花大錢雇用大批冗員，以防消沉、自殺及其他伴隨效應的擴大？

在我繼續這些荒唐的想像之前，我們或許應該要問：爲什麼？爲什麼失業會帶來如此嚴重的後果？爲什麼人們得工作才會感覺到幸福？爲何工作如此重要？

社會規範高度影響了人們的主觀幸福感，而這種影響對失業者尤其明顯。[161]若就業是一種社會規範，那些沒有工作的人，就會覺得自己與社會格格不入、感到丟臉，持續被自卑感折磨——我們應該都知道這有多折磨人，因爲我們總愛拿自己的成就跟別人比。

有趣的是，還有另一個令人意想不到的後果：許多研究發現，如果周圍有大量失業的人，失業者的不幸與難堪感就會減輕。[162]這實在有點弔詭，高失業率將嚴重損害到人們的幸福感，但失業率夠高的話，反而不會再加劇幸福感的下滑。儘管可能如此，在驟下結論認爲我們無須過分憂心未來之前，我們仍應該先考慮在失業率高到產生這種弔詭現象之前，人們將會承受的痛苦。在那樣的過度階段，社會將變成什麼模樣？別忘了，在發生下述情形時，失業者的幸福感才可能增加：

1. 失業者適應了自己的新境況，降低自身標準、期望與夢想時；
2. 當這種情況已經變成一種常態時，社會的普遍文化也會改變，人們失去人生的目的感，比起獨自感覺不快樂、悲慘，眾人一起的不幸福感會隨之稍微減輕。

我不知道你怎麼想，但我個人不想生活在這樣的社會。一想到這可能很快就會變成我們人類的命運，我就不禁打顫。我們必須另謀出路。

心流

「選擇一份你熱愛的工作，這樣你的人生就沒有一天需要工作。」

「心流」（flow）是心理學家米海·齊克森米海伊（Mihály Csíkszentmihályi）提出的概念，指的是一個人完全專注、全然投入、沉浸在一項活動中，並因而成功的心理狀態。這是一種全神貫注的投入，堪稱在做事與學習中充分投入心緒的極致狀態。在心流中，情緒不只是被駕馭與疏導，而是積極、聚精會神地融入手邊工作。[163]

在心流中，「被動的我」消失了，取而代之的是「主動的我」。在早期的心流研究中，一位攀岩者如此描繪：「你極度投入於你正在做的事，以至於你完全和這項活動融為一體，不再是一個參與其中的旁觀者，而是純粹的參與者。你是這個一體的一部分，流暢地隨著這個一體而動。」心流是一種發自內心的狀態，人們說，在這種狀態下，他們完全投入於某件事當中，以至於忘記時間、疲憊及一切的境界，只是一心一意地專注在這件事情上面。這種境界就像是我們閱讀一本精采的小說、打一場精采的壁球，或是參與一場精采談話時的渾然忘我。已故美國桂冠詩人馬克・史特蘭德（Mark Strand）如此描繪寫作時的這種心流狀態：[164]

你完全投入於工作中，忘記時間，完全著迷，完全陷入你正在做的事情當中……當你在做某件事，而且做得很好時，你會覺得無可言喻。

社會規範、適應、所得、跟別人比，這些都無法充分解釋為何工作使我們對生活更覺滿意。我們之所以知道這點，是因為有研究顯示自雇者比較快樂，儘管他們的工作時數可能更長或賺的錢比較少。[165]將全副身心投入於非營利世界的志工也是，[166]這些人不僅從事自己喜歡的事，也在幫助他人的過程中獲得更大的滿足感。

再分享一項有趣的觀察，檢視個人每年的工作時數和平均生活滿意度。如圖表16.1所示，[167,168]平均工作時數較少的國家的人民幸福感，高於平均工作時數較多的國家人

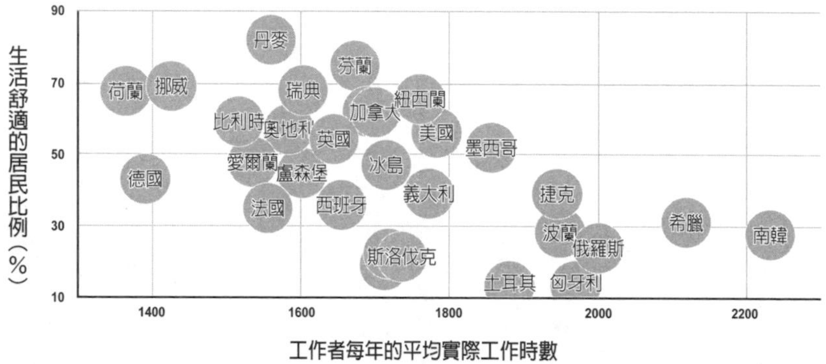

圖表 16.1 OECD 國家人民的工作時數與整體生活評估（2009 年）。X 軸代表工作者每年的平均實際工作時數，Y 軸代表生活舒適的居民比例。幸福資料取自蓋洛普 2005-2009 年的世界民意調查，工作時數資料取自 OECD 官方資料庫。

民。以丹麥爲例，它在所有民意調查中，都是人民幸福感最高的國家之一；在這項調查統計中，「生活舒適」的居民占總人口比例高達八二％，但他們平均每年只工作一五五九小時，比OECD國家平均數少兩百個小時——生活舒適度的衡量項目包括：獲得充分休息的程度、受到尊重、不覺痛苦、能夠運用智力。

相較之下，南韓工作者平均每年工作二二三二小時，比OECD國家平均數高出四七三個小時，但生活舒適的居民占總人口比例僅爲二八％。相同型態普遍可見：在每週工作時數較少的國家，例如瑞典、芬蘭、挪威、荷蘭等，生活舒適的居民占總人口比例較高；在每週工作時數較多的國家，例如希臘、波蘭、匈牙利、俄羅斯、土耳其等，人民的幸福感較低。

有一項超越社會期待、階級、地位與所得水準的基本原理在運作，那就是獨立、自主、自由、追求夢想的能力，感覺自己在創造有益的改變，並且經常處於心流狀態中。它是我們的動機來源，使我們充滿幹勁，充分利用每一天、品味每一刻，時時刻刻都過得精采，不再索然無味度日。想要作出改變與貢獻，想從我們的境況中昇華，想要幫助他人，創造出沒有人想到的新事物，我們就必須踏入無人曾經涉足之地。

擁有動機、進入心流狀態、有目的感，工作只是邁向這些境界的一種工具，並非必要條件。

17 人生的目的

若你生活在美國、日本及歐洲許多國家，你大概曾聽朋友們說他們有多忙碌。「忙死了！」，「快忙瘋了！」，這些話時有所聞。他們在公園散步時，必定查看智慧型手機好幾次，甚至不曾好好規劃和孩子相處的時間。他們真的很忙，壓力也真的很大，但爲何會這樣？

我相信，原因之一是我們的社會性強迫力使我們保持忙碌，或者保持「看起來」忙碌。早在年紀很輕的學生時代，我們就開始這樣了。明明已有研究顯示，我們的注意力只能持續二十分鐘，之後就會開始渙散，[169]但爲何學校裡的每節授課總是持續一小時？爲何我們不讓孩子們以他們的步調運作？

進入職場，這種情形繼續著。爲何有那麼多公司時時盯著員工，彷彿他們是小孩？為何大多數公司支付薪資主要是根據工時來計算，而不是根據績效？為何我們繼續留著無意義的職務與工作，想方設法讓人們保持忙碌？

我跟很多人討論過技術性失業的問題，尤其是在ＮＡＳＡ艾姆斯研究中心（Ames Research Center）奇點大學的研習課程時，我有機會和一些在這個領域中最傑出的人士交談，包括《與機器競賽》一書的作者布林優夫森與麥克菲、《連線》（*Wired*）雜誌的創辦執行編輯凱文．凱利（Kevin Kelly）、發明人暨未來學家柯茲魏爾，以及科幻小說家佛諾．文奇等。我堅持我的理論——經濟體系創造新就業機會的速度，將趕不上技術摧毀就業機會的速度，但很多人不認同我的看法，雖然我可以在這裡敘述這些論辯，但我想會離題太遠。

我可以想像人人都有工作的未來，一種工作可能是現身辦公室，坐下來，整天閱讀電子郵件，看起來很忙碌；另一種工作可能是盯著機器人、看它們工作，確保它們不出錯。其實，在一週的工作中，平均一萬台機器人只有一台會出錯，每個工廠只需要一名監督人員就足以應付了。但是，我們可能會有幾百名監督人員，他們上頭有主任，主任上頭有副理，副理上頭有經理……這就像層層往上的食物鏈一樣。我們也可能虛構出新疾病，再培育出專門治療這些虛構疾病的專業人員。最後，還有欲望，經濟學家告訴我們，欲望無窮，所以我們可以無止境地創造、生產滿足這些無窮欲望的東西，不管它們其實有多麼無用、多麼地異想天開。此刻，你也許會覺得這些觀點讀之可笑，但仔細想想我們現在的生活，你不覺得我們做的事多少就是這樣嗎？

思索這個問題多年後，我得出這個激進的結論：

> 我們必須停止這種「只看表面」的想法，認爲人人都必須賺錢謀生。現在的事實是，平均每一萬個人當中，一個人就能創造出能夠供養其餘所有人的技術性突破。現在的年輕人認爲賺錢謀生是無稽之談，絕對有它的道理。我們持續設法創造就業機會，便是基於這個錯誤的概念，認爲每個人都需要做某種單調沉悶的工作，因爲根據馬爾薩斯（Thomas Robert Malthus）＊與達爾文的理論，人人都必須證明自己的生存本事。所以，我們有檢查人員的督察，還有一整套機制進行層層檢查。人們眞正重要的事，應該是重返學校時光，想想在別人告訴他們應該賺錢謀生之前，他們以前想做的事。

我知道，這些話聽起來很激進，有些人大概會覺得很天眞，是出自一個不明社會複雜紋理、有著美好夢想，但對複雜體系與經濟行爲沒有確實了解的年輕人。但實際上，前述論點幾乎是逐字節錄自傑出發明家暨未來學者巴克敏斯特．富勒（Buckminster

Fuller）在一九七〇年接受《紐約》（*New York*）雜誌訪談時所說的話。[170]重點是：「我們偏好創造新工作，而不是更努力創造一個不需要人人都要工作的新體制。」[171]我在本書提出的論點是，機器人將會搶走你的飯碗，但沒關係；現在，我要更進一步主張：人生的目的是要讓機器人搶走你的飯碗。好吧，嚴肅一點，這不是人生的目的，但我認爲在現今世界，這是尋找你的人生目的的必要但非充分條件。

我不知道我自己的人生目的，更遑論你的人生目的，或是地球上其他人的人生目的。不過，我相當確定人生目的「不是」什麼。你聽過多少人臨終前在臥榻上說：「哎，我眞後悔沒有多花點時間檢查出會計報表上的錯誤」，或「那筆交易若能獲得二．五％的投資報酬率、不是二％，我的人生就圓滿了」？沒有人會表達這種遺憾。他們遺憾的也許是：「我眞後悔沒有跟孩子相處更多時間」，或「我很遺憾沒有更常告訴我先生我愛他」，或「眞希望我在高中時勇敢向那個女生告白」，或「眞希望我以前更常旅行，多看看這個世界。」

有一位女性的故事令我很感動，她是癌症末期的病患，只剩下兩個月的生命，她

＊英國人口學家與政治經濟學家，其進化學說認爲人口壓力將刺激生產成長，生產成長也會刺激人口成長。

的人生夢想是學微積分。後來，她得知線上教育平台可汗學院（Khan Academy），發現自己終於有了這個機會，於是在人生最後兩個月學會了微積分，開心圓夢後離世。[172]

有一句鼓吹不工作是好事的名言：「未來的目標是完全失業，這樣我們就可以玩樂。所以，我們必須摧毀現在的政治經濟制度。」這可不是什麼輕浮的玩笑話，這句話出自著有《二〇〇一太空漫遊》（*2001: A Space Odyssey*）、《拉瑪任務》（*Rendezvous with Rama*）等知名科幻小說的傳奇作家暨未來學者亞瑟・克拉克（Arthur C. Clarke）。克拉克提出地球同步衛星（geostationary satellite）進行通訊的構想，因此地球同步軌道（geostationary orbit）又稱爲「克拉克軌道」（Clarke Orbit）或「克拉克帶」（Clarke Belt），就是爲了表彰、記念他的貢獻。

但是，克拉克所謂的「玩樂」（play），是什麼意思呢？也許，他是在釋義這句名言：「選擇一份你熱愛的工作，這樣你的人生就沒有一天需要工作。」或者，他其實有別的意思。找一份你喜愛的工作，一份令你滿意又符合你的道德準則的工作，這件事在現今的世界很難做到。事實上，根據德勤（Deloitte）製作的「趨勢變化指數」（The Shift Index），有高達八〇%的人討厭他們目前的工作。[173]我們必須根據經濟條件調整期望，但不幸的現實是，許多工作令人不稱心如意，也沒能爲這個社會創造價值，而且這還不夠呢，這些工作也很快就要被自動化了——我認爲，這應該會發生在我們的有生之年。

但是，我很高興告訴各位：隧道的另一頭有光！本書的目的不是要說服你相信自動化很快就會取代你，而是要告訴你如何因應。我認眞思考過、研究過，並和許多人分享這些建議，現在我把它們匯總於本書第三部。

這是我送給你的禮物，希望對你而言很實用。

第 3 部

解方

18 給所有人的實用建議

終於來到你等待已久的時刻，很抱歉，把這部分內容擺在本書的這麼後面，但我相信你會了解我爲何這麼做。如果我不解釋前由，接下來要提的許多建議，就沒道理了。這麼一來，我就得逐一說明理由，這會導致解釋過於冗長，使你的注意力偏離主要焦點。

現在，你已經具備所有必要工具，以及評估它們的正確心態，後續我提出的建議就會立即顯得有理。事實上，在閱讀本書之前，你可能已經想過這些建議當中的一些做法了，那麼這份清單亦可作爲不錯的摘要，有助於簡扼地整理你的思緒。

降低需求，好好生活

「最富有的人不是擁有最多的人，而是需求最少的人。」

——無名氏

經濟快速演變，自動化正在取代人力，而且這種取代趨勢與日俱增，失業者愈來愈多。縱使目前仍然保住飯碗者，未來也有被機器取代之虞，在這種環境下，無人能夠高枕無憂，那麼你有什麼選擇？

自助書籍通常聚焦於如何提高你的收入，其中一些書籍有所幫助，但更多的是無益之作。若你得幸挑到了一本好的書籍，照著處方投入時間努力，或許能夠成功——這過程中少不了運氣和機緣。這類書籍提供的建議主要圍繞著這些：建立豐厚的人脈關係、與高層締結良好友誼、機靈變通、自我經營、懂得推銷自己。通常，你會閱讀四百頁的內容，教你如何做，然後你開始嘗試。對一些人來說，這個方法可能管用，在一些情況下它通常能夠奏效。但是，我和許多人交談時，看出這種方法有幾個問題。首先，這種方法無法大規模適用，因爲我們的體制本質上就不會讓所有人都成功，從邏輯和數學上來說都不可能。

如果人人都變得人脈豐厚，很有街頭智慧，善於推銷自己，接下來呢？由於我們的體制要求必須擁有勝過別人的競爭優勢，你才能成功，因此那些想要勝出者將必須變得更有街頭智慧，發展出更高明的自我推銷技巧，他們將會彼此吸引、靠攏，就像宇宙裡較大的天體彼此吸引，形成一個人脈更豐厚的新精英網絡。這是一個無止境的循環，贏家總是很少數，這是體制使然。這本身不是一件壞事，它是以這樣的概念爲中心的精英制度：如果你比別人更擅長某件事，你將會在這個領域脫穎而出，你的成就將會受到肯定。如果你想「更上一層樓」的話，我並不認爲這有何問題，但問題是，我們連最基本的水準都還沒到達——高度已開發國家的數千萬人和開發中國家的數億人，連維持健康、像樣生活的必需品都甚爲匱乏，這爲我們帶來了其他的不可能性。

你的人生應該致力於在財務上變得更成功，以確保你有能力去追求夢想嗎？或者，你應該停止追求達不到的成功夢想，讓自己擺脫物質，過儉樸、清苦的生活？有沒有結合這兩者精華的第三條途徑？有沒有可能人人都過幸福的生活，同時又能追求自己的夢想？這很難說。

古希臘人談論「美德」（virtue），它被視爲成爲有操守、好德行的人的基礎，從而增進集體與個人高尚。在《尼各馬科倫理學》（*Nicomachean Ethics*）一書中，亞里斯多德（Aristotle）把美德定義爲在一品格的不足與太過之間的一個平衡點，但最佳的美德點並不是兩個極端之間正中央的那一點，而是一個黃金中庸（golden mean），有時更靠近其中一個極端。舉例而言，勇敢是懦弱與魯莽之間的中庸，自信是自貶與自負之間的中庸，慷慨是吝嗇與奢侈之間的中庸。爲了找到黃金中庸，必須擁有常識，但擁有常識者未必是高度聰明者。亞里斯多德認爲，美德是人類的優點，是一種能夠幫助一個人生存、成功、建立有意義的關係，以及獲得幸福的技能。美德的學習通常在一開始很難，但是經過不斷地練習就會變得比較容易一點，直到成爲習慣。[174]

有一個受到亞里斯多德的哲理啓示而發展出來的觀念，近年來漸漸滲入全球各地的智庫、行動團體和社群中，這個觀念是：與其追求賺愈來愈多的錢，或是完全放棄賺錢，我們應該先嘗試降低對金錢的需求，找到一個黃金中庸。

很多人誤解了這個觀念，我在此盡可能解釋清楚。富有是一種相對的概念，你一年賺十萬美元，但一年的開銷是十二萬美元，相對來說你是貧窮的，因爲你賺的錢並未達到你需要的金額。另一方面，如果你一年賺四萬美元（這是美國多數人的所得水準，）[175, 176]但你的開銷大約爲三萬美元，那麼你其實是相對富有的。降低你對金錢的需求，並不是要你犧牲生活、放棄自己喜歡的東西，恰恰相反，你不需要老是對你做的事感到不安，也不需要來個大迴轉，在一夕之間翻轉生活方式，你可以繼續做你喜歡的事，有時甚至能以更少錢做更多你喜歡的事。你可以在不需要賺幾十萬美元、也不需要過清苦日子的條件下，過著有美德的生活——古希臘人所謂高尚而滿足的生活。

有些人稱此爲「慢活」（downshifting），概念很簡單：過更簡單的生活，擺脫無止境的過度物質主義，降低壓力、減少加班，設法減輕伴隨這些而來的精神消耗。我們可以在休閒和工作之間找到改善的平衡點，把生活目標聚焦於個人成就感及關係的建立上，而不是汲汲營營以追求經濟上的成功爲主。這不需要你作出可能危及安定性的大幅或突然改變，你可以規劃從簡單的項目開始做起，然後逐步推進，你將會看到自己過一種更好、更滿足、更幸福的生活。

這聽起來像是一種不大可能做到的雙贏局面，可有暗藏玄機？這其中暗藏的玄機就是它並非萬靈丹，畢竟沒有人人適用的公式；最重要的是，沒有人能提供你明確、可以照單去做的指導。

不是人人都可以成爲物理學家、生物學家、電腦科學家、生技學家，你必須找出自己的長處，知道自己喜愛做什麼事，了解如何靠從事這份工作來養活自己。不是人人都有數學天分或音樂才華，但任何人都能找到自己擅長且喜愛做的事。爲了達到美德生活、對人生充滿熱情與興趣，同時確保有足夠的收入可以維持生活，你必須機敏地觀察所有出現在眼前的可能性。爲此，你得先研究、學習新東西，拓展自己的視野。

教育自己

「給他一條魚，只能餵飽他一天；教他釣魚，可以餵飽他一生。」

——中國諺語[177]

這句古老的中國諺語流傳了數千年，但近年在魚類資源銳減的情況下，[178]我認爲必須對它作出一些調整，我的更新版本如下：

「給他一條魚，只能餵飽他一天；教他釣魚，可以餵飽他更多天；教他當個問題解決者，他就能夠面對呈現在眼前的任何挑戰。」

不論我提出何種待辦事項清單，永遠都無法解決你人生遭遇的問題。一份清單也許是個不錯的起始點，但情況恆常改變，跟上這個世界的唯一之道，便是教育自己成爲一個批判性思考者及問題解決者。

教育向來是我很感興趣的主題之一。我至今記憶猶新，從小學到高中時期的生活，那是我此生最痛苦的時期之一，我覺得極其無聊地坐在教室裡，聽著乏味的課，學習一連串的定理，背記數字與文句，不時地看著時鐘，等待下午四點半的到來。時間一到，痛苦終結，放學回家。不過，也不全然如此。

我母親是圖書館員，在我讀幼稚園時，她總是把我帶到她任職的公立圖書館，直到她輪完班。我坐在圖書館裡的書桌前，沒人告訴我要做什麼或是該怎麼做，我可以取閱各種書籍，雖然我大字還不識幾個。我媽媽告訴我，打從小時起，我就對科學書籍很入迷，我時常翻閱書裡的圖畫，什麼原子和電磁場、動物物種、星星及銀河、機械器材、恐龍等的有趣題材。我其實沒有什麼相關記憶了，但她說，就她記憶所及，我想了解這個世界、探索各種領域的知識，對宇宙總是擁有滿滿的興趣、著迷不已。後來，我開始上學，突然受挫，就像高速行進中的巴士撞上一道牆般，我不明白，爲何學校老師不能——或許是不想吧！——回答我的疑問。最重要的是，我難以置信，他們甚至對自己教的東西也不感興趣！我試了又試……徒勞無益，失望多了以後，便開始放棄。

我被視爲一個奇怪的小孩，總是好奇最大的動物是什麼？我們如何知道六千萬年前有恐龍，而不是兩千萬年前或一千萬年前——當時是電影《侏羅紀公園》（*Jurassic*

Park）還未上映的年代？爲何大象的體積會這麼大？蜘蛛會有八隻腳，而不是六隻腳？蜂鳥爲何會飛，牠們的翅膀震動得多快？星球爲何及如何形成？學校老師們認爲，這些都是不重要的問題，我不需要知道答案，因爲考試不會考這些，它們不在教材內，我幹麼要這麼費勁想知道更多？

我的失望就是這樣不斷地累積，最後放棄，自行研究。我並未離開學校的體制，老師叫我做什麼，我照做，在課堂上絕大部分的時間，我都照他們的要求閉上嘴巴。我把全副心力轉爲自行研究、學習不是教育體制內要求學生學的東西，津津有味地閱讀每一冊《金氏世界紀錄大全》（*Guinness World Records*）和《世界概況》（*The World Factbook*），欲罷不能，感覺自己被那些資料吸引，彷彿有一股無形的力量把我推向它們。我到了很後來才知道如何解析這些資訊的含義，如何質疑及驗證其眞實性，如何把它們脈絡化，這不是別人教我的東西，都是我自己辛苦學來的。

這些都是在網際網路變得普及之前的事，每每想起當年我必須費上好大功夫，才能再多知道與了解一點點，相較於現在的容易程度，我就覺得難以置信！以前得花上幾十個小時翻閱非互動式、相當呆板的書籍才能得知的資訊，現在只需要幾秒鐘在彈指間就能取得，而且往往有生動影片、授課，以及由當代最傑出的思想家主持的研討會。現在，烏干達一個貧窮小孩可以取得的知識，比三十年前的美國總統還要多，如此大的轉變在人類史上是空前的發展，使得印刷機的發明相形失色，幾乎已稱不上是重大事件了。如今，世界各地的人可以免費獲得世界一流的教育，由全球最頂尖大學的優秀教師傳授的任何科目，但如此驚人且革命性的變化，知道的人卻很少，著實令我意外。

全球各地有超過四億部電腦安裝了 iTunes，[179] 但我和人們交談時發現，很少人知道它除了可以用來下載音樂和影片，還可以用來做別的事。蘋果公司在二〇〇七年五月三十日宣布推出 iTunesU，免費提供世界各地知名大學傳授的課程，這些高水準的課程影片內容，多半相同於你花二十萬美元取得的學位提供的課程內容，差別只在於你現在可以在家裡或巴士上觀看，還可以隨時暫停、重複觀看，而且免費。教材蒐集自世界各地，包括學院、大學、博物館、圖書館，以及其他富有教育價值的文化機構，目前有超過十萬個檔案可供下載，來自牛津、耶魯、哈佛、劍橋……等幾百所大學。

這種方法的開創先鋒是一九九九年發起於德國的開放式課程（OpenCourseWare）文化運動，麻省理工學院在二〇〇二年十月推出 MIT 開放式課程（MIT OpenCourse-Ware）後，開啓了這種教育方法的蓬勃發展。耶魯大學、密西根大學及加州大學柏克萊分校隨後跟進，推出類似方案，日本及中國不久也有類似方案推出，很快地，這種教育方法普及到全世界。麻省理工學院表示，它推出開放式課程（簡稱OCW）的宗旨，就是要「透過可得的知識網絡，促進人類的學習。」180

在我看來，儘管變化快速，這種教育方法提供的龐大潛力，大多尚未被利用。主要的原因是，潛在的學習者欠缺個人動機跟這類課程，還有教材本身的難度。後來，出現了新角色，爲這個領域帶來改變。二〇〇四年底，薩爾曼・可汗（Salman Khan）和其小表妹娜迪雅討論宇宙本質之類的東西，他覺得這個年輕女孩的資質甚佳，她未來也打算從事科學相關工作。可汗把這件事告訴娜迪雅的父母，他們很驚訝，因爲娜迪雅在學校的基礎數學成績很差。可汗難以置信，一個涉獵高深主題的人，怎麼可能連基礎數學都應付不來呢？他覺得，學校的教學可能有問題，所以便開始透過網際網路爲娜迪雅補習，結果成效甚佳。

後來，口碑傳了出去，其他親朋好友也找上他，請他爲他們的小孩補習。所以，可汗決定採用更有效率的方法：錄製教學影片，放到YouTube平台上。當時是二〇〇六年十一月十六日，他時任避險基金分析師，收入豐厚，是個很成功的商業人士。

有錢、有地位、生活安定，夫復何求？

目的感。白天的分析師工作下班後，可汗利用晚上的時間錄製教學短片。很快地，其他人便開始觀看他的教學影片，觀看者愈來愈多，也有人寫信給他。有一天，他收到這樣的一封信：

可汗先生：

從來沒有一位老師幫助我，我知道，這麼說聽起來很惡劣，但我說的是實話。他們強迫我吃藥，以制止我在課堂上說話。當我被點名回答問題卻不回答時，他們懲罰我。在我出生的家鄉，黑人不大受到學校歡迎，我母親和她的姊妹們得走兩個小時的路去一個小棚屋上學。大約五年前，我家人攢了足夠的錢，遷離我出生的地方，好讓我有機會接受教育，過好一點的生活。但是，我欠缺基礎數學底子，進步很慢。

現在，我上了學院，學的東西比我這輩子至今學到的還要多。但是，我糟糕的數學底子一直在扯我的後腿。完成數學一四一（學院的代數課程）後的二〇〇九年六月，我發現了可汗學院；整個夏天，我都在你的 YouTube 網頁上學習。我寫這封信，是要感謝你所做的一切，你是上天派來的天使。上週我參加數學分班考試，我現在被分到數學二〇〇榮譽班，我在分班考試中全都答對了。主考人對我的數學程度非常驚豔，他說我應該可以去上線性代數課程了。

> 可汗先生，我可以很確定地說，你改變了我的人生，以及我每個家人的人生。

收到這封信幾天後，可汗辭掉了工作，全職投入於可汗學院（www.khanacademy.org）。良知，以及認知到你正在幫助他人，形成「有同理心的文明」（emphatic civilization）。[181]透過分享科學知識，爲人類帶來改善，這是值得你每天早上起床投入的事。可汗說：「我作出這麼少的努力，就能長久幫助無數人，我想不出還有什麼途徑比這件事更能善用我的時間。」可汗學院的使命就是：「爲任何地方、任何人提供高品質的教育。」

我猜你應該還記得你在就讀大專院校時，曾和朋友努力了解某個概念背後的含義，或是試圖解某道問題。你們花了好幾個小時的時間，一群人一起不停地尋找解答，傷透腦筋。然後，某人終於喊道：「找到了！」（或者很多時候是大喊：「他X的！」）接著，此人向大家解謎，通常花不到十分鐘。若能省下那好幾個小時，有個老師花幾分鐘的時間，用簡單、實用的方式解釋，那該有多棒？直到觀看可汗的教學影片前，我以爲這只是個夢想。

這個創業故事在另一方面也顯得既荒謬又有趣——一個傢伙挑戰麻省理工、史丹佛、哈佛等聞名全球的大學，想比它們更受歡迎、更受肯定？他想單憑己力創建一所最大的線上學校，成爲理論、藝術與科學的教學中心？沒錯，這顯然就是他正在做的事！

我想學化學的念頭，已經是好幾年前的事了。起初得知麻省理工學院開放式課程和 iTunesU 時，我很震驚——可以在網際網路上免費觀看史丹佛、哈佛、麻省理工的課程錄影？哇！我心想：「我一定要排出時間來學一堆科目。」但這從未實現過，因爲我晚上八點回到家時已經精疲力盡，雖然我時常觀看TED演講或奇點大學的研討會影片，但要我在晚上十一點觀看量子纏結（Quantum Entanglement）或生物化學的課程教學影片，實在是太難了！然而，可汗的教學影片每段只有十三分鐘，我可以在一天當中的任何時段觀看——午餐休息時間、火車上或晚餐後，隨便什麼時段都很容易擠出這十幾分鐘。

而且，我一定要強調，這些教學短片以淺顯易懂的方式講解概念，非常容易了解。我向來都對事物的發生緣由、運作情形、運作因素、在什麼條件下無法運作等很感興趣。雖然人人都能套用公式，尤其是電腦，但你能導出公式嗎？你能解釋他們如何導出公式嗎？自從有了 Wolfram Alpha 平台（www.wolframalpha.com），[182]用手做力學計算顯然已經過時了，最重要的是想法、概念與理解。

因此，我立刻開始使用可汗學院的化學課程教學影片，每看完一段影片，那種發現與理解，總是令我感到十分振奮。這種開放式課程的問世，看起來似乎相當神奇，但若你把它脈絡化，從背景來看，就會認知到，這種發展是相當自然而有道理的。資訊科技的指數成長，以及自由軟體運動的出現，已經促使我們的心智典範徹底改變。資訊變得更容易取得、更爲可靠，最重要的是，所有人都可自由取得。GNU、Linux、創用CC（Creative Commons）、維基百科、開放式課程，以及可汗學院，這些全都是技術與文化指數成長下的合理產物。

可汗說，他希望可汗學院能夠提供更多科目的教學——該平台已經提供超過數千段的教學影片，涵蓋數學、歷史、醫療衛生、醫學、財金、物理學、化學、生物學、天文學、經濟學、宇宙學、有機化學、美國公民學、藝術史、個體經濟學、電腦科學等。你可能會問：「這傢伙到底是何方神聖？爲何能教那麼多學科？」可汗在高中是畢業生致詞代表，他的SAT測驗數學得滿分，他在三十二歲之前，從麻省理工學院取得數學學士學位、電機工程及電腦科學學士學位，以及電機工程與電腦科學碩士學位，另外還有哈佛商學院的企管碩士學位，他知道他在教什麼。

我在二〇〇九年時，就曾撰文介紹過可汗學院，當時幾乎沒人知道它。如今，它已是人類史上最大的學校，它的教學影片全球觀看人次已經超過數億。可汗學院獲得許多基金會和公司的捐款贊助，包括比爾與梅琳達・蓋茲基金會（Bill and Melinda Gates Foundation）、谷歌公司，以及歐蘇利文基金會（O'Sullivan Foundation）等。很多媒體報導過這個線上學習平台，包括CNN、美國公共電視網（Public Broadcasting Service, PBS）、CBS、TED、美國知名脫口秀主持人與新聞記者查理・羅斯（Charlie Rose）的訪談節目等。

該平台天天成長、進步，其教學影片已被翻譯成數十多種語言版本，預期將涵蓋全球最通用的十種口說語言。已經有一些學校嘗試把可汗學院的教學影片和傳統課堂學習結合起來，初步成效驚人，非但並未導致教師過時而被淘汰，反而使他們成為更好的導師，有更多時間和學生進行一對一的實際互動。學生可自行在家學習，到學校再一起做習題強化知識，或是彼此教導所學來增進收穫。

可汗說：「這可以成為實體學校的DNA：學生在校花二〇%的時間觀看影片，根據自己的步調做習題，其餘時間用來做勞作，例如機器人，或是畫畫、編寫音樂等。」[183]

於是，教師變成更像導師、指導者，不再是威權人物。他們為所有學生提供進度與評量表，讓他們可以看出自己正在學什麼、學習成效如何，只有在學生於特定主題上陷入困難時才介入。

這聽起來簡直太棒了，令人難以置信，對吧？這其中一定有什麼附帶條件？沒有，沒什麼附帶條件，可汗學院完全免費。它的教學影片採用「創用CC」協定，該網站與平台的軟體程式全部是開放源碼。你可以用自己的步調學習，你可以只選擇你喜愛的科目，或是按照它建議你的路徑，你甚至可以請你的學校把它們和學校課程結合，或者你可以自行使用它，然後到學校去秀一下你的程度，神氣一下。這些教學影片的內容很有趣、淺顯易懂，該平台的成長速度非常快，天天進步。

那麼，有沒有什麼缺點呢？有兩項：其一、它並未提供學習成果的認證；其二、難以透過這類媒體來教導藝術及人文學科。不過，我並不認為這兩者是障礙。如前文所述，世界快速演變，任何被指數成長的技術影響的領域都會呈現加速演變曲線，教育制度將必須因應可汗學院之類的新現實而作出調整，而不是倒反過來。家長把孩子送去學校，不是爲了學習（這眞悲哀），而是爲了取得文憑、獲得學位，讓他們更容易找到工作，但這種公式已經不再管用。

如同戴爾·史蒂芬斯（Dale J. Stephens）、麥克·艾爾斯柏（Michael Ellsberg）及其他許多專家所言，傳統教育的價值被高估，學業成績未必使你在勞動力市場具有競爭力。擁有史丹佛大學博士學位固然有幫助，但它再也不是成功的充分條件。如果你的目標是進入谷歌、PayPal、微軟之類的知名科技公司工作，那麼在可汗學院快速習得知識與技能，可能比循傳統途徑取得學位更有效率。機敏的大學了解這點，它們改革的速度非常快；麻省理工學院在二〇一二年推出 MITx 方案，免費提供套裝形式的系列課程，給全球各地的線上學習社群。該校也對其校園學生提供線上工具，補充、豐富他們的課堂與實驗室學習體驗。MITx 方案也讓完成 x 系列課程者可以支付少許費用，取得由麻省理工學院與哈佛大學合組的非營利事業組織 edX 提供的認證。

二〇一一年秋季，我參與了最早的大規模開放式線上課程／磨課師（Massive Open Online Courses, MOOCs）實驗之一，那是塞巴斯汀・杜倫（Sebastian Thrun）、彼得・諾米格（Peter Norvig）及吳恩達（Andrew Ng）在網際網路上推出的「人工智慧」（Artifical Intelligence）與「機器學習」（Machine Learning）這兩門史丹佛大學課程。當時仍是實驗階段，過程有些波折，但成果驚人。有來自世界各地的十幾萬人註冊、參加這些爲期十週的課程，課程內容大致相同於史丹佛校園學生上的課程內容。若你完成課程，把家庭作業做好（全部透過自動化軟體），除了可以習得先進、實用的學科知識，還可以取得史丹佛大學頒發的完成課程聲明書。這些課程的優點是，每週的進度循序漸進，你可以和十幾萬人一起學習，提出疑問，討論課程內容，一起做習題，是很棒的學習體驗。杜倫對成果感到非常振奮，於是乾脆辭去史丹佛大學的教職，創立 Udacity 線上教學平台（www.udacity.com），提供免費課程。

另兩位史丹佛大學教授吳恩達和黛芬妮・柯勒（Daphne Koller），也募資創立了營利性質的線上學習平台公司 Coursera（www.coursera.org），和許多頂尖大學合作推出高階課程，例如模型思維、自然語言處理、賽局理論、概率圖模型、密碼學、演算法設計與分析、機器學習、人機互動學、綠色建築學、資訊理論、解剖學與電腦安全等。這一切都還只是開始而已，這是和技術變化與發展結合起來的教育自然進化。擁抱變化，否則只有死路一條。

說了這麼多，這些與你有何關連？它們能夠如何幫助你？如果你還沒注意到的話，在此提醒你：這是你的致勝門票，你可以在幾乎不花錢的條件下，變成任何領域的專家，或至少取得能讓你變成專家的工具。不久，就會有分子工程、奈米科技，以及能源、食品、住屋等永續生產技術的線上課程推出，教育將變得更切合現實需要、更易理解吸收、更引人入勝，最重要的是，很多都是免費的。現在，你所能作出的最佳投資，就是投資自己。

創造力的工具掌握在每個人的手上，而且變得愈來愈容易取得與上手。你擁有人類史上前所未有的機會，請好好把握！

教育他人

救了自己，其他人卻沒能得救，何益之有？別把這些知識藏私，請盡可能與更多人分享，不要只想著爲自己取得競爭優勢，那是自私自利的短視，已經過時了。若愈多人獲得教育、知道這些東西，他們愈能幫助解決我們所有人面臨的挑戰。唯有在分享中才能找到幸福，分享引領我們通往更多更棒的發現。我相信，在不久的未來，我們的社會將變得不那麼重視個人是否擁有傑出、過人的能力，而是更重視個人的助人能力，也不那麼重視他是否爲最優秀的學生，而是更重視他教導別人的能力——這才是美好而値得生活於其中的世界！

自己種食物

這個建議顯然太平淡無奇，令我覺得在此提出似乎很無聊。食物是一種形式的能量，堪稱是最重要的能量，它是我們的體力來源，也是一種形式的能力。自己種食物並非純粹作爲一種休閒活動或嗜好，而是象徵把掌控力抓回自己的手裡。創立非營利組織廚房園丁國際組織（Kitchen Gardeners International）、發起自栽食物運動的羅傑・多伊隆（Roger Doiron），稱此爲一種「破壞性的計劃」（subversive plot）——從你家後院發起革命。這不是什麼陰謀詭計，而是公開分享的行動；它不是爲了少數利益而犧牲許多人，而是授權給每一個人，使所有人都能變得更安全、更健康、更獨立。開闢自己的菜園有許多好處，下列僅列出其中幾項：

- **改善你及家人的健康**。研究顯示，多數疾病導因於不良的飲食習慣和危害健康的食物。多吃新鮮蔬果不僅是保持健康的最重要方法之一，爲自己及小孩栽種蔬果，能使你們吃得更健康的可能性提高一倍。185
- **省錢**。這當然不用多說了，近年來食物的價格明顯上漲，未來可能還會繼續上漲。爲什麼？因爲每生產一卡路里的食物，至少要消耗相當於十卡路里的石油，而油價已經上漲，此後只會繼續漲、不會跌（這是指平均而言），因爲石油是有限資源。自己栽種食物可以減少購買量，平均來說，四口之家可以省下三千美元或更多——實際金額取決於種種因素。
- **減輕你對環境造成的影響**。這或許不是人人都關心之事，但其實人人都應該關心。所有生態系統都相互關連，我們全都仰賴它們，就算你不關心環境本身，至少你應該要知道，忽視環境，最終將會傷害到你。盡量不要使用化學農藥及肥料，很多網站教你如何以最好的方式使用自然系統，用最少的功夫獲致最大收穫——可參考「永恆農業」或「樸門農藝」（permaculture）。而且，縱使你居住在城市裡也能做到，你可以參考都市農業學、水耕栽培法或魚菜共生（aquaponics）栽培法。

- **享受戶外生活**。栽種、除草、收割，這些都是很棒的體力活動。園藝活動能夠幫助你放鬆，讓你有時間思考或讓你的心思漫遊。
- **創造社區與家庭時間**。園藝是既有益又有實際收穫的活動，讓你有時間和孩子相處，同時也能做一些有用的事。如果你朋友的家裡沒有後院，無法自己栽種食物，你可以邀請他們共用你的後院！自己種食物讓你有機會和鄰居分享你的收穫，使你們有機會互相幫助，重建社區感。
- **享受更美味的食物**。最新鮮的食物是你親手摘取的食物，超市貨架上陳列的是遠方種植、收割與包裝的食物，用卡車、飛機、火車、船隻與貨櫃運送，也就是石油、石油、石油。在你拿起它們之前，它們已經在貨架上擺放了多久呢？一天？一週？一個月？它們到底去過哪裡？曾經存放在何處？栽種者使用了什麼，使它們看起來如此無瑕（但往往不美味）？相信我，當你親手摘下自己栽種的蔬果，咬下鮮美、多汁的一口時，你會知道自己作出正確的選擇。
- **不再當食品公司的奴隸**。這還用我多說嗎？

少吃肉

這點時常導致誤解，因爲它背負了許多情緒包袱，支持和反對吃肉的兩方爭辯不休。我並不是要選邊站，我純粹是根據簡單的物理學和生物學進行分析。

物理學。生產大量肉類，把它當作主要食物，是非常缺乏效率的事。聯合國糧食及農業組織（Food and Agriculture Organization, FAO）指出：「爲了經營牧場而砍伐森林，是導致中南美洲熱帶雨林一些特殊植物及動物物種消失和排碳至大氣層的主因之一。」它進一步解釋：「擴大飼養家畜是導致拉丁美洲熱帶雨林遭到破壞的主因之一，熱帶雨林的破壞導致這個地區的環境嚴重惡化。」該組織在二〇〇五年發布的研究報告中指出，九〇%的森林砍伐導因於非永續的農耕方法，伐木與墾地雖然不是導致大面積森林砍伐的主因，但也是森林劣化的導因之一。[186]

飼養供人類消費的動物，大約占現今工業化國家農業總產出的四〇%。家畜是全球最大的土地使用者，牧場占據地表不結冰土地面積的二六%，作爲家畜飼料的農作物種植用掉了約三分之一的地球可耕地面積。[187]就全球而言，家畜直接或間接占了人爲二氧化碳總排放量的九%，甲烷總排放量的三七%，一氧化二氮總排放量的六五%。[188]這裡提供你一些數據比較，讓你有進一步的概念：生產一公斤小麥需要使用一公噸的水；生產一公斤牛肉需要使用超過十五公噸的水。[189]更別提生產肉類所造成的其他負外部性了，例如生物多樣性的損失、家畜品種的減少、抗生素抗藥性的生成與擴散導致動物及食物中含有致病細菌、釋放自然生成激素及合成激素、殺蟲劑與衍生藥物的使用，以及重金屬和持久性有機污染物的累積。

生物學。食用過多的肉，尤其是紅肉，和許多健康問題有關連性，例如大腸癌、[190]食道癌、肺癌、胰臟癌、子宮內膜癌、[191]乳癌、[192]胃癌、[193]淋巴瘤、[194]膀胱癌、[195]肺癌、[196]各種心血管疾病、[197]糖尿病、[198]肥胖、[199]高血壓及關節炎。[200]

結論。所以，大家都應該吃素？不是的。從道德角度來看，該不該吃素已經有太多激烈的辯論，每個人的觀點都不同，我就不談這個了。更何況，縱使有前述種種證據，「吃肉有害」這點至今尚未獲得共識，物理學及生物學的證據只是顯示，過度生產肉類和食用過多肉類有害處。再者，除了現實面，還要考慮到人性面，許多人愛吃肉，世界各地有許多肉類佳餚，難不成我們要期望（或更糟地，強迫）人們捨棄這所有的美食，開始吃素嗎？

因此，我建議中庸一點、更有常識的做法：減少肉類的食用量，減輕對環境造成的壓力與傷害，也對我們的健康更有益。你不必完全捨棄肉類，但別在一週內吃上十四餐的肉食。也許，你可以先從減爲十餐開始做起，漸漸減少到一週只有五餐或兩餐吃肉，這樣你就不會覺得是一種犧牲。請嘗試看看，若你眞的無法一天不吃上兩餐肉食，那就算了。但若你覺得還行，那麼把你的食肉量減爲一半或到某個比例，這樣更好！你將會活得更健康，不但幫助了我們的環境，還能夠省錢呢。

住家節約能源

現在，當人們談到能源問題和解決方法時，總是提及再生能源。大家普遍認爲，唯一的問題在於供給面（碳氫化合物很有限，而且得花很長的時間形成），如果我們能夠改用太陽能、風力發電、水力發電、生物質、生物燃料、潮汐能、波浪能之類的再生能源，就能夠解決問題。這有點像是在主張若一個桶子漏水，是因爲上頭的漏洞比瑞士起司的小洞還多，解決辦法就是灌入更多的水。

在你的住家使用再生能源是一件好事，但在此之前，你應該先處理一下「房間裡的大象」——我們使用的能源有大部分都被浪費掉了。不過，我指的並不是屋裡的燈一直亮著這種事（能夠隨手關燈當然更好），刷牙時的確也不應該浪費自來水，但相較於我們每次沖馬桶時浪費掉的可飲用水，刷牙時節省的用水可眞是小巫見大巫。我說的是，暖氣系統、不良的隔熱系統、老舊家電、不良設計、不良習慣，以及不正確的思考方式，這些全都會導致能源白白浪費。你可以先改裝房子，節省可觀能源，爲何要安裝供應十千瓦電力的太陽能光電板？

在美國，建築物是六八％的煤和五五％的天然氣的最終使用者，在這個領域存在著減少化石燃料用量的巨大潛在機會，但這些潛在機會還未被善加利用呢！此外，能源並非僅指電力或石油，水也是能源，把你的用水量減少一半，你燒熱水的天然氣用量就會減少一半，運轉幫浦的電力用量也會減少一半。然而，我們並未這樣思考，但事事皆有關連，凡是需要動的東西，都要用到能源。在其他條件不變的情況下，節能改裝總是比從一種能源轉換爲另一種能源來得更便宜、更有效率，投資報酬率也較高，花更少、省更多。你可以做的事有很多，下列僅舉出一些例子：

- **換裝LED燈泡**。它們不但更節能，不會釋放有毒的化學物質，而且壽命更長。喜愛懷舊風格的人，也有黃光LED燈泡可以選擇。
- **選用高節能家電**。歐盟有A^{++}和A^{+++}等級，美國有能源之星（Energy Star）認證標章，符合這些規格的家電可以節省很多能源。
- **可編程恆溫器**。這種使用人工智慧軟體的調溫器，每年可爲你節省高達五〇％的能源用量。The Nest 推出的學習型恆溫器（Learning Thermostat），就是這類系統的一個好例子。[201]
- **熱水器保溫毯**。較新型的熱水器有較好的絕緣，你若想知道一款保溫毯合不合

圖表 18.1 我在 2009 年為部落格行動日（Blog Action Day）畫的漫畫。

用，可以把手貼在熱水器的外殼，如果感覺溫溫的，便可用保溫毯把它圍覆起來，這樣能爲你省錢。[202]

- **待機省電裝置**。在方便的地方，讓你的電子器材使用智慧型自動節能省電延長插座，它們會自動感應睡眠模式，切斷你原本使用中的器材電源，也切斷你插在此延長線其他插座上的相關電子器材的電源。[203]
- **減少用水量**。安裝省水水龍頭及低流量的淋浴噴頭，可以減少用水量約五〇％。一項保守估計指出，前述調整的投資成本平均不到一年就能百分之百回收，結合起來，每年可節省超過一千美元。在電力、瓦斯、水等價格不斷上漲的情況下，省下的錢將更爲可觀。

你可以發揮創意，尋找更多其他節能的好點子。有很多熱心人士設立網站，專門提供住家節能改裝的建議，例如 Green*and*Save 網站上（www.greenandsave.com）有一張表，列出各式各樣的節能改裝，包含小幅調整、大幅改造與安裝先進系統等，還估計了投資回收期、成本、每年節省的金額、十年節省的金額、投資報酬率等。[204]若你想做得更廣泛、徹底些，可以使用整合設計方式的節能改建，[205]從牆壁、屋頂、地下室、管路的保溫工程及換窗做起，雖然這會花費更多時間與成本，但長期的報酬很值得，不但能夠省錢，還能夠改善你的住家品質。

投資回收期	投資成本	每年節省	十年節省	投資報酬率
節能調整				
1.2 年	1,320 美元	1,136 美元	11,360 美元	96.5%
節能改造				
4.2 年	15,814 美元	4,348 美元	43,480 美元	26.8%
裝設先進節能系統				
8.7 年	69,590 美元	7,309 美元	182,170 美元	11.8%

圖表 18.2 住家節能改裝投資報酬概估

當然，你不需要一舉作出所有改變，也不需要作出所有改變，你可以明智地根據自己的生活條件、環境狀況、房屋設計，以及你的生活習慣選用合適的技術。根據 Green-*andSave* 網站的模擬，若你作出所有調整、進行大幅改造，並安裝先進系統，你的投資成本約爲八萬六千美元，在二十年間將可節省三十萬美元。當然，每個人的房子不同，你可以選擇只作幾項改變，那也能讓你約略看出投資與報酬的概況，可參考一下圖表 18.2。

自製能源

以前，能源依賴度很高，很難改變；現在，若不設法採取行動改變，彷彿就像犯了罪似地坐立難安。化石燃料成本上漲的同時，再生能源技術的成本卻顯著降低。如今，太陽能已經比核能更便宜，[206]在一些地區（例如義大利及西班牙），在未提供獎勵誘因之下，已經出現太陽能比石油還便宜的現象[207]（若提供獎勵，這種現象將會更常見。）[208]

太陽能技術呈現指數成長中，因此我們將會持續見到其成本下滑、效率提升。[209]視你居住的地區而定，熱水太陽能板的投資回收期大約是四到十年，光電太陽能板大約是六到十二年，熱氣集板大約是一到兩年。這些技術使用三十年可一直保持最起碼八〇％的初始效率（它們都有保證書）；縱使在三十年後，它們仍可繼續使用，只不過效率稍微下滑。此外，光電太陽能板的成本每兩年降低約一半，相較於幾年前，它現在已經變得非常便宜了，而且這種成本下滑的趨勢仍在持續中。

熱泵、風力渦輪機、各種微型發電系統，以及其他許多技術，全都可幫助產生你需要的能源。但切記，這應該是最後才訴諸的行動，你的第一優先應該是節能，把生產能源擺在後頭。最重要的能源形式是我們的頭腦，請明智地使用它。

不買車

有車很方便，隨時需要隨時可用，行動便利，不論長途旅行、上班、朋友聚會，沒車的生活將會大不同。若你居住鄉間，實在沒有別的選擇，因為沒車哪裡都去不了。但若你住在城市（多數人居住在城市），擁有車子也許是麻煩多於便利。下列是你應該考慮不買車的幾個理由：

- **省錢**。想想汽油價格，漲多跌少，光是這點，就應該足以讓你考慮買車是否划得來。不過，其實要考慮的費用還有很多，例如分期付款、維修保養費用、保險費、折舊……等，擁有一部車子的年成本大約介於五千美元到一萬五千美元之間，視車款、地點及使用情形而定，[210]這可不是一筆小數目。想想看，結合使用大眾運輸工具、腳踏車、步行及在必要時租車，你可以省下多少錢。
- **減少意外**。若你打算經營一個事業，你爲一項技術申請執照，這項技術每年在歐洲導致一六〇萬人受傷、四萬人死亡，管理當局一定不會發給你營業執照，但這就是歐洲二〇〇七年的車禍傷亡統計數字。[211]等到無人駕駛車普及後，情況將會有所改變，但是等到那時，幾乎也沒有人需要擁有車子了。你可以隨時用手機召來一輛離你最近的無人駕駛車，讓它載你前往目的地，再用手機付費。這些車子以最大效率及低成本行駛，請問你何必養車，自找一堆麻煩？
- **空氣更乾淨**。在我們改用完全使用再生能源的電動車之前，汽車將會繼續製造污染。只要愈多人開車，城市的適宜居住性便愈低，就是這麼簡單。
- **建立社區情誼**。研究顯示，街道交通量和社區居民彼此認識的人數有直接關連性——車子愈少，社區居民愈可能待在戶外。如果你想認識更多社區鄰居的話，不妨多走路。[212]

- **減輕交通阻塞及緊張**。尤其是在交通尖峰時段，騎腳踏車可以爲你節省很多時間，更別提減輕緊張了。
- **更健康**。二〇一〇年，美國疾病防治中心（Centers for Disease Control and Prevention, CDC）發布的統計數字中，全美肥胖者人數再度攀升，成年人肥胖者達三五．七%，肥胖孩童的比例爲十七%。[213] 二〇一二年二月，專家預測到了二〇一五年，美國將有過半數人口是肥胖者，情況遠比英國嚴重，英國可能到二〇二〇年將有三分之一人口是肥胖者。[214] 步行、騎腳踏車、跑步、溜冰，不論你決定用哪種方式取代開車，都能使你變得更健康，還能省下很多保健支出（藥品、看病、手術，以及忽視身材與健康的其他後果），而且你可能也因此不必再上健身房了，這又爲你省下更多錢。

若因情況特殊而眞的需要一輛車時，你可以使用汽車共享（carsharing）服務，這是在世界各地愈來愈流行的一種共享機制。汽車共享不同於傳統的租車服務，它提供了許多好處：它不受辦公時間限制；預訂、取車及還車全部採自助式；可以選擇以分鐘、小時或租一整天的計費方式；取車與還車地點遍布服務區域，通常是位於靠近大眾運輸系統的地點；保險及燃料成本包含在租金內。這個概念衍生出許多類似制度，例如在德國、荷蘭、英國、美國、加拿大、西班牙、斯洛維尼亞有P2P（peer to peer）租車制。[215]

當然，還有行之已久的共乘（carpooling），如今，網際網路和行動應用程式使共乘遠比以往更容易了。很多網站幫你找到提供搭載服務的車主，你可以根據音樂、電影、藝術或運動偏好來挑選你喜歡的類型的人共乘，搞不好還能因此找到意中人呢！

19 擁抱開放哲學，共創未來

「預測未來的最佳方法就是創造它。」

——彼得・杜拉克（Peter F. Drucker）216

曾經，重大的社會變革可能是源於非凡的個人智慧與堅定推動，但後來一切改變了。二次工業革命之後，社會愈來愈複雜，需要愈來愈大的投資去發明、實驗及遞送創意的果實。這種趨勢發展到後來，創造任何重要、複雜的東西所需要的投資，龐大到只有大企業才能辦到。

現在，我們面臨新的工業革命，這次的工業革命把力量交回到人們手裡——創客、駭客、勤奮的發明家與創造者，他們正在快速塑造未來。DIY創新者社群崛起，爲新社會打造實體工具、數位工具與文化工具，這些無名英雄往往隱密不爲人知，但我們天天享用他們努力創造的果實。我們能夠享有這些，是因爲他們創造新事物、撰寫程式，創作出美麗的藝術品，並且在自由/開放源碼授權下釋出它們。

我相信，我們正處於新文明的開端。

支持開放源碼計劃

每當我說「開放源碼」（Open Source）時，人們要不就是不知其意，要不就是想到軟體：「你說的是像 Linux 之類的東西，對吧？」沒錯，Linux、GNU，以及數以千計的其他計劃，全部都是自由與開放源碼，但它們只是其中的一個極小部分。

開放源碼並非只是軟體，它是一種理念，相信分享比保密好。它證明合作比無止境地競爭更有成效，公開藍圖將可促進科學、文化、藝術，以及任何有益事物的發展。開放源碼堪稱所有人類成就中最突出的一個例子，在崇尚特異不群的陰暗風氣中，它是一盞明燈，戰勝我們的不開明。它使我對人類的未來懷抱希望，使我相信人類能夠避開自我毀滅之路，繼續前進。

過去三十年，開放源碼理念已經滲透到我們生活的每個層面。凡被它觸及的事物都變得更好，它是一股不可思議的非凡力量，激發無數人爲世界創造有益的改變。這股一開始只是出現於軟體領域的力量，[217]推進至近乎每一個其他領域——科學、藝術，甚至我們的社會文化。如今，我們有開放源碼硬體（例如開放給業餘愛好者、藝術家、設計師們的微控制器平台 Arduino），開放飲料〔開放可樂（Open Cola）和開放啤酒（Open Beer）〕，以及開放式書籍、開放式影片、開放源碼機器人軟硬體、開放源碼設計、開放式新聞，甚至還有開放式治理的實驗。[218]

開放源碼的開創者、Linux 之父林納斯・托瓦茲（Linus Torvalds）有句名言：[219]

「未來，就是把一切都開放源碼。」

想了解這句話的含義，只須看你此刻閱讀的這本書就行了。這本書得以出版，必須感謝我在一個網站上發起的群眾募資計劃。我用以撰寫此書的軟體大體上是自由與開放源碼軟體（Free and Open Source Software, ＦＯＳＳ），在重度倚賴ＦＯＳＳ的作業系統上執行，[220]你用以找到這本書的瀏覽器可能也是ＦＯＳＳ，例如 Google Chrome、Firefox、Safari 等都是。維基百科、創用ＣＣ、YouTube 和 Vimeo 平台上的許多 Frickr 相片及影片，也是在某種自由/開放授權下釋出的。近年間，開放源碼計劃風潮席捲了廣泛領域，甚至包括閃光燈、感應器、自行車、太陽能板、３Ｄ列印機等實物。

IndieGoGo 和 Kickstarter 之類的網際網路社群，開始直接資助將幫助我們過更好生活的開放源碼計劃，其概念很簡單：有創意、想進一步發展的人，可以在這類平台上與社群分享創意，向社群募集資金，以繼續發展或完成他們的創意。感興趣的人作出投資，並且從日後的成果中獲得回報。募集到的資金有超過九成給原創者／發明人，但他們的成果造福整個社群，許多人選擇把源碼／技術規格釋出給大眾，這就是開放源碼的精神。

這是以你喜歡的方式來支持你喜歡的計劃的好方法，你可以選擇自己想支持的專案、自行決定你想贊助的金額，這能讓你有成就感和掌控感，使你感覺是志同道合社群的一分子。最重要的是，它很公平，沒有任何檯面下的花招，沒有特殊利益，不必賄賂政府官員，這是最佳的選賢與能。

Kickstarter 在二〇一二年爲此平台使用者的計劃募集到超過一億五千萬美元的資金，比美國國家藝術基金會（National Endowment for the Arts, NEA）二〇一二會計年度的一億四千六百萬美元預算還要多。[221]我們不能指望政府解決所有問題，若公共經費全都明智地花在能幫助所有人的計劃與方案上，並且以最高效率運作，這自然很好。但我們全都知道，不論我們多努力嘗試，這通常仍是痴心妄想。我們不能對政府完全失去信心，但我們也不應坐等，妄求有朝一日一切都將奇蹟似地解決。我們必須謀求自己掌控，加快有益的變革。

我的建議是，盡你所能地支持那些對人類發展有益的開放源碼計劃，例如維基百科、創用CC、電子前哨基金會（The Electronic Frontier Foundation），以及許多與你利益攸關的小計劃。不論你捐多少錢，五十、二十或一美元，都具有貢獻，不僅能幫助創作者/發明者及整個社群，也直接對你有益。若你能使用自己資助的開放源碼計劃創造出來的東西，降低你對金錢的依賴度，你將會獲得相當的滿足感。當某個東西變成開放源碼提供給全人類時，將是一種雙贏局面。

此時，從務實的角度來說，我可以想到你大概會想：「是，這些聽起來都很棒，但我無法靠維基百科維生。」其實，我反對這種說辭，這是無窮盡的知識與參考資源，爲何不能靠它維生？不過，我懂你的意思，你指的是實物，能夠賴以維生的東西，對吧？好，我在此提供你一個例子，但類似這樣的例子很多。

馬爾欽・賈庫波斯基（Marcin Jakubowski）是個了不起的人，很多人談論要打造一個更美好的世界，很多人有好點子展望未來的世界可以變成什麼模樣，賈庫波斯基就是其中一位實際動手打造的人，他的目標是建立一個「後匱乏社會」（post-scarcity society），人們每天只須工作一、兩小時維生，其餘時間可以用來從事更高目的的活動。賈庫波斯基正在爲社會進化的下一個典範建立基石，他使用的全是開放源碼的資源，他是個夢想家，但非常腳踏實地。

賈庫波斯基在二〇一一年的TED演講中分享這個故事，該影片的觀看人次已經超過一百五十萬人，被翻譯成四十二種語言。[222]

> 我創立了一個名爲「開放源碼生態」（Open Source Ecology）的社群，我們辨識出我們認爲維持現代生活所需要的五十種最重要的機器，例如曳引機、麵包烤箱、電路板列印機等。然後，我們決定要爲這些機器創造出開放源碼、DIY的版本，讓人人都能用低成本建造及維修它們。我們稱此爲「地球村建設組」（Global Village Construction Set）。
>
> 讓我爲各位說個故事。我在二十幾歲時，取得了融合能博士學位，但我發現自己無用武之地，我沒有實務技能。這個世界提供我其他選擇，我接受了。我想，你可以稱它爲消費者的生活方式。我在密蘇里州開闢了一座農場，學習經營農場的經濟技巧。我買了一部曳引機，後來它故障了，我付錢請人修理，後來它再度故障，很快地我也沒錢了。
>
> 我認知到，爲了維持一座農場，以求溫飽安身，我需要的低成本合適工具根本不存在。我需要堅固、模組化、高效率、最適化、低成本、可在當地

取得的可回收材質，用來打造非常耐用、不會很快過時的工具。我發現，我必須自己創造它們，所以我就動手做了。然後，我進行測試，我發現小規模也能做到工業生產的水準。

接下來，我在維基系統網站上發表了3D設計、圖解、指導影片與相關預算。不久，來自世界各地的同好開始現身貢獻，爲我們推出的機器打造原型。到目前爲止，這五十種機器已經有八種設計好、打造出原型了。這項計劃現在開始自行成長。

我們知道，開放源碼運動已經成功產生用以管理知識及創造力的工具，相同情形也開始發生在硬體領域。我們聚焦於打造硬體，是因爲硬體能夠以實質、有形的方式改變人們的生活。如果我們能夠降低農耕、建築、製造的障礙，我們就能釋放人類的巨大潛能。

而且，這不僅僅是爲開發中國家所做的事。我們有爲美國農夫、建築業者、創業者及製造業者打造的工具，我們看到許多相關人士因爲現在能夠創立一個建築事業、零組件製造事業、社區協力有機農場，或是把電力回售給電力公司而感到振奮。我們的目標是建立一個非常清楚、詳盡的機器設計藍圖資料庫，只要用一片DVD燒錄下來，就能作爲開創文明的工具箱。

我曾在一天內種植一百棵樹，也曾在一天內用我腳下的泥土壓製出五千塊磚，或是用六天的時間打造出一部曳引機。在我看來，這都只是開始而已。如果這個點子真的可靠、管用，那麼它的實行將會產生重大影響。把這類生產工具更廣爲散布，產生符合環保的供應鏈，以及新的DIY自造文化，這一切將可望超越人爲的匱乏。我們正在使用開放式硬體技術，探索人類的極限，共同創造一個更美好的世界。

攜手合作，我們將可以共同展開轉變，共創一個人人都受惠的開放社會，不再是一個保密以照顧既得利益者的社會。專門研究網際網路技術影響的美國作家克雷・薛基（Clay Shirky）指出，維基百科代表的是集合了一億小時人類思想的結晶，這一億小時的思想與協作，創造出有史以來最大、最完整的百科全書：「打造一個地球上人人都能免費取用所有人類知識的世界，這就是我們正在做的事。」[223]把這拿來和看電視比較一下，光是在美國，全美人口每年總計看電視兩千億小時；也就是說，我們在一年中把可以打造兩千個維基百科的時間花在看電視上，在每個週末把可以打造一個維基百科的一億小時拿來看電視廣告。[224]

想想看，就算是只把兩千億小時的一小部分拿來做更有用的事，我們將能獲致什麼成就？可能性無限，我們可以共創一個眞正美好的世界。

這些行動早已開始了，請加入行列吧。

用你的荷包投票——不是你想的那樣

衆所周知，政治深受大企業左右，大企業有力量進行廣密的遊說。我認爲，在投票所投票的影響力與效果，遠不如在購物商場「投票」的影響力與效果。想想看，當你決定購買某樣東西時，你的投票影響力其實更大，因爲你的購買將影響企業的策略，進而影響政治。

要說企業最了解、最在乎的一件事，那當然是獲利了，更確切地說，是獲利的流失。沃爾瑪開始重視環保，並不是因爲他們改變，突然想幫助環境，提供人們更健康的食品和更好的產品，而是因爲他們看到市場，而這是因爲人們的關心及興趣轉變了。哪裡有市場，廠商就往哪裡去；基本上，你在日常生活中都在用你的荷包投票，只是你沒有意識到罷了。

下次你去購物商場拿起一件商品時，請先詢問自己是否眞的需要它——它只會帶給你一時的滿足，抑或眞的很符合你的需要？你眞的需要那第二十條牛仔褲嗎？家裡其他十九條牛仔褲呢？它們眞的都不夠好嗎？那你當初爲何要買？是不是你一開始很喜歡，但很快就不喜歡了？

把你不需要的東西都清掉吧，你可以去 eBay 或上街擺攤出售它們，或是把它們當禮物送出去。理性購物，別再當企業機器的奴隸，抓回你的生活掌控權。他們想要我們以爲自由就是可以在兩百種牙膏品牌之間自由地作出選擇，請嘗試品嚐眞正的自由吧！

減少工作量，當個自雇者

回顧第十八章提供的建議，你可能沒有注意到，它們全都有個共通點，那就是教你如何省錢，但不必犧牲你喜歡的東西。事實上，它們甚至可能幫助你過更健康、壓力較輕、更幸福的生活。把所有建議結合起來，你可以看出，遵循這些建議，你一年可以省下數千美元。以往，你需要花掉這些錢，但現在不需要了，那麼這些多出來的錢，可以拿來做什麼呢？你可以明智地把它用在你將會很喜歡的事物上（參見第二十章），或者你可以更聰明地看出這代表你可以「減少工作」。沒錯，如果你需要花用的金錢數目減少了，何不去做部分工時的工作？何不離開收入較多、但你不大喜歡的工作，換一份你眞正喜歡、但收入較少的工作？先嘗試減少你對金錢的需求，然後試著減少一週的工作量，這也許是朝向更滿足、壓力較少的生活的第一步。

現在，減少工作量應該不是什麼激進的觀念了。英國智庫新經濟基金會（New Economics Foundation，NEF）一群經濟學家在二〇一〇年發表了一份研究報告，建議人們縮短每週的工作時數，並說明理由及概要計劃：「每週工作二十一個小時，有助於解決許多迫切、環環相扣的問題，包含過勞、失業、過度消費、高碳排放量、低幸福感、所得不均的根本問題，以及缺乏時間過有品質的生活。」[225]這份報告寫道：

顯著縮短每週的工作時數，可以改變我們的生活節奏、改變習慣與習俗，進而徹底改造西方社會的主流文化。每週工作二十一個小時的論據區分為三大類，反映三種相互關連的經濟效益或財富源頭，它們分別來自：地球的自然資源；日常生活中內含的人類資源、資產與關係；市場。我們的論點係基於一項前提：我們必須體認並重視這三種經濟效益，確保它們結合起來符合永續性的社會正義。

- 保護地球的自然資源：顯著縮短每週的工作時數，有助於破除為工作而活、為賺錢而工作、為消費而賺錢的習慣。人們或許可以變得不再那麼依附高碳消費，改而更為依附人際關係、消遣娛樂，以及花費較少錢但更多時間的地方。這可幫助社會降低對高碳經濟成長的依賴度，讓人們有更多時間過更永續性的生活，並降低溫室氣體的排放量。

- 維持社會正義及所有人的福祉：每週工作二十一個小時有助於把有薪工作的機會更平均分配於勞動人口，減少因失業導致的經濟境況不佳，同時減輕因工作時數長而太少自我掌控時間的情形。這或許可使有薪工作與無薪工作更平均分配於男性和女性；使父母有更多時間和孩子相處，並且以不同方式度過相處時間；讓想要延後退休的人們得以如願；讓人們有更多時間相互關懷照顧、參與地方活動，做他們選擇做的其他事。每週工作二十一個小時，可讓人們以符合個人和共同需求的方式更加善用自然人力資源，促進核心經濟（core economy）繁榮。人們將有更多時間扮演平等夥伴，與專業人士及其他公共服務工作者一起從事共同創造福祉的活動。
- 穩固繁榮的經濟：顯著縮短每週工時，可促使經濟調適於社會和環境的需求，而不是反過來強制社會與環境去滿足經濟的需求。更多女性加入勞動力，將使男性工作者過更均衡的生活；同時，也有助於減輕周旋應付工作與家庭責任導致的工作場所壓力，這些都將使企業受益。縮短每週工時，也有助於終結靠信貸助長的經濟成長，建立韌性和適應力更佳的經濟體系，同時保護公共資源投資於低碳產業策略及其他措施，以支持永續經濟。

這種經濟是生態經濟學家赫爾曼・戴利（Herman Daly）等人主張及倡導的穩定狀態經濟概念，在韌性及適應力方面有很大的幫助。不過，在實行每週工作二十一個小時之前，必須先做到許多必要條件，前述這份報告清楚說明了這種過渡階段，並提出寶貴洞見。在其他條件不變的情況下，驟然縮短每週工時可能會引發逆火，我們已經在以往的實驗（二〇〇〇年至二〇〇八年的法國）中看到了這種情形，所以必須要有一些調整與配套措施。人類需要時間調適，所以必須有幾年的過渡期保障合理收入，社會規範及期望也必須改變，更別提性別關係了。最重要的是，整個文化必須改變，人們必須理解改變爲另一種制度的優點和必要性，大家才會自行要求這種改變，而不是抗拒改變。

我建議你可以儘早研擬計劃，用幾年的時間讓自己過渡，朝向縮減每週工時或是一份收入較少、但能帶給你更多滿足感的工作。逃脫爲賺錢而過度工作的陷阱，這並非一件易事，應該審愼而爲，否則你可能會陷入非常不安穩的境況，尤其如果有家人倚賴你生活的話。請嘗試使用本書提供的資源，探索新的可能性，別害怕求助於朋友、家人，甚至陌生人。一旦你打開心扉，嘗試過不一樣的生活，你將會發現有很多人願意向你提供建議。

這是你的人生，你應該設法活得精采、充實一點！

樂於支持改變，但別成爲顧人怨

這是社會運動人士非常忽略的一點，我參與非營利組織和社會運動已有很長的時間，自己也曾發起過一些社會運動，深知非活躍成員被他人教訓應該過怎樣的生活時可能會感到多氣惱。最討厭的莫過於有人對你說，你這輩子所做的一切全是錯的，你應該改變生活。就算他說的沒錯（通常是錯的），這也絕對不是說服他人加入變革行列的正確方法。

首先，這是一種很糟糕的溝通策略。很少人的心胸會大到質疑伴隨自己一輩子的理念與習慣，而且還能在頃刻間擺脫它們。就算出現了這種很罕見的例子，也不該訴諸如此直白、批評性的言辭，令對方慚愧難堪。採用別種溝通策略會更有成效，畢竟在現今世界維生已經夠辛苦了，人們最受不了一些自以爲是的環保人士登台高談闊論教訓大家。如果你希望別人加入你的行列，你必須讓他們看到相關主張的價值，同時你也必須以身作則。我知道，用說的都很簡單，周遭事物有時可能令你招架不住，但一逕唱高調並不管用。我們生活在體制內，很多時候必須運用可用的工具來幫助推動變革，朝向更好的社會，否則將會變得和這個世界格格不入。我認爲，獨善其身、離群索居是目光短淺且自私的方法，所以我聚焦於共創未來，因爲我認爲那是更好的選擇。

很多社會運動人士充滿急迫感，我們所剩的時間固然不多，但也不能因此急躁，這反而會攪亂一切。我們必須找到最有成效的方式來推動變革，在採取任何行動以前，請先思考：這麼做能產生多少效益？以肉類消費為例，我認識的素食主義者大多很能表述他們的選擇及理由，問題是，他們當中有些人非常妄自尊大、言行激烈，把不認同他們主張的人視為謀殺者，並且蔑視他們。只須看看素食主義運動人士設立的網站和散發的傳單，就能看到一些十分嚇人的手法，試圖博取觀看者的同理心，激起他們的情緒反應。若你的目標是驚嚇、激怒人們，使他們避而遠之，這絕對是很有效的方法；但若你的目標是促使人們更意識到某個問題的嚴重性，你應該先尊重他們，然後讓他們看到你選擇的生活方式的優點。

想想看，說服十％的人完全不再吃肉，或是說服五〇％的人減少吃肉，哪個比較容易做到？答案很明顯。葛拉罕・希爾（Graham Hill）在電子書《上班日吃素：終於有個合口味的解方》（*Weekday Vegetarian: Finally, a Palatable Solution*）和TED演講〈我為何在上班日吃素〉中，對相關概念有很好的闡釋。[226]想像你投入這類行動，在某個時間點，你看著桌上的最後一個漢堡或最後一塊牛排，你知道從此以後，你再也不能吃這些了，你的心情如何？很多人不是很能接受如此斷然的改變，但如果你用一種循序漸進的做法呢？上班日吃素似乎是更合理、較能令人接受的方法，多數人會願意嘗試，因爲不需要急劇且徹底地改變自己的飲食習慣。另外，如果你減少到一週只吃一、兩次肉，你的肉類攝取量就減少了七〇%至八〇%。

同樣的思維也適用於我們生活的每個層面。你很難百分之百落實你的價值觀，但你可以致力於誠實、不虛僞的生活方式，卻不需要把自己搞得難以相處。

20 這樣做，你也許會覺得更幸福

我在研究過程中，花了很多時間閱讀自助類別的書籍。我曾經到過二十個國家，花了不少錢參加研討會，深入探索幸福的奧祕。我想在此分享一些方法，讓你不必花這些功夫、時間與金錢。

這或許是你等待已久的一刻，也可能是你選擇閱讀此書的深層理由，我將提供各位一些關於幸福的最可靠、最決定性的祕訣。這些方法其實已經存在了數千年之久，傳過一個又一個英才之手，從達文西（Leonardo Da Vinci）到愛因斯坦（Albert Einstein），現在要公諸於世。準備好了嗎？就是……

如果你的生活不大對勁，那是因爲你發出了負面能量，然後它更加擴大地向你回響，因此你應該強迫自己經常積極正面思考。

- 改變你的想法，改變你的生活，改變全世界。
- 改變你的習慣，吃得更健康、多運動，這些將產生雪球效應，你的生活將往正面方向大轉彎。
- 若你想變得富有且出名，你的思考和行爲就應該像個富有且出名的人。你可以購買頭等艙機票，讓你的周遭環繞著富人，你將會比你想像的更快成爲其中一位。

我猜，這叫作「量子力學」什麼的。等等，應該是「振動」？對，這聽起來比較正確，是「振動」，「量子振動」！應該就是這個了。[227]

好吧，正經點。雖然我喜歡對近年來流行的自助學風潮找碴，但其中一些建議或許還眞能幫上你，若你用稍微嚴謹的科學來思考與看待它們的話。

我想，你一定厭煩了閱讀那些不管用的東西，那些對因與果沒有明確區別的科學分析，以及僞裝成神祕眞理的老掉牙常識。那如果提出一些你能在日常生活中使用、但或許還不知道的實用建議，聽起來如何？我想，你應該感覺得出我對那些流行的自助學的看法——我認爲它們大多是僞科學，一些貪婪的人在玩弄那些心急、無助、容易受騙的人們。不過，這其中倒是有一些你可以嘗試的東西，或許有助於使你的生活變得更幸福些。

請注意，別把下文的建議當成照做清單，或是必須遵循的指導手冊，以爲只要自己照著做，一切問題就會奇蹟似地解決。這些是持續演化的有機清單，它們是經過嚴謹科學實驗得出的結果，對許多人進行過長期試驗都呈現出一貫的型態。[228]但這不是說它們對所有人或生活中的所有時刻都管用，不過總是好過沒有建議，也好過那些僞科學的胡謅。切記，這些並不是規定，只是忠告，它們不是指令，只是建議，你很聰明，懂我的意思。

我不能向你保證這些方法就能帶給你幸福，但我可以保證，我只會提出已經有研究證實有效，而且我自己也親身嘗試的東西。我能提供的「自助指南」最多就是這些了，但其實我比較希望你把它們當作建議，告訴你如何作出可持久的有益改變。請姑且相信它們的益處，並用你自己的步調嘗試看看，不需要有壓力。

學習品味生活

- **正念靜坐（mindfulness meditation）**。許多正向心理學自助書籍要你相信，拋開不好的記憶和悲哀的想法，嘗試用快樂取而代之才是比較正確的，甚至要你強迫自己這麼做，但其實這不管用。比較有效的方法是，每天抽出一些時間讓你的心思漫遊。找個安靜的地方，關閉手機，闔上你的雙眼，徐緩地呼吸，試著放鬆。這能讓你的身與心建立連結，覺知你在生活中經常暴露於過量的刺激物當中。

- **把需要解決的事情寫下來**。不管你是否眞的想到解決辦法（想到解方自然更好），把你認爲自己正在面對的問題寫下來，這個動作可以幫助你聚焦，更透徹地看待這些問題。我們往往傾向於高估生活中特定事情的重要性或影響性，讓自己的想法放大到左右了情緒。這個做法可以幫助你更理性地看待事情。
- **把今天發生在你身上的好事寫下來**。小事很重要，但我們往往忽略它們，讓它們過了就算了。一天結束時，請花片刻回想今天令你感到愉快的三件事，可能是你今天做過的三件好事，或是發生在你身上的三件好事。但請注意，這不是要你強迫自己快樂，或是強迫你只能有快樂的想法。這只是鼓勵你回想自己可能輕易遺忘的快樂事物，如果你能夠走下「快樂跑步機」，你將學會對生活多一點品味與感恩，而這能帶給你好心情。
- **運動**。我們的身體是頭腦的延伸，神經系統一直延伸到我們的手臂、腿部和肌肉。在控制條件下的實驗證據顯示，運動的人比不運動的人更快樂。但你不需要去上很花錢的運動課程，也不需要做激烈運動，可以從簡單運動做起，就算只是跑個十到二十分鐘也行。如果可以的話，試試看用腳踏車取代汽車。經過一些時日，你就會開始注意到，運動使你感覺更好，而且有助於改善身材。事實上，有大量研究顯示，走路是自然界最好的良藥，每天走路至少三十分鐘對你的健康最有益。[229] 所以，如果你能把一天中坐著和睡眠的時間限制在二三・五小時內，你就走在更健康、更幸福的路上了。

• **好行小惠**。研究顯示，幫助別人會增加快樂感。想像你在路上撿到十美元，相較於你自己花掉這十美元，把它花在別人身上，你獲得的快樂會更多。你可以請朋友喝杯咖啡、吃頓晚餐，或是送音樂會門票給他們。不過，未必要和錢扯上關係，親手做的禮物、打電話關懷許久未聯絡的親友、跟朋友一起唱歌……大的小的都可以。請注意，這裡有兩個重點：隨機，友好。要是你開始每個月都送禮物給你的伴侶，他們就會習慣每個月都收到你的禮物，這會形成一種預期心理。這樣一來，他們收到禮物時的快樂感便會降低，而且當他們沒收到禮物時，或是覺得收到的禮物很廉價、沒誠意時，就會感到失望。驚喜能使效果更佳，愈出乎他們的意料之外，效果愈好。

• **創造新體驗**。這點和前一點同理，嘗試新事物將幫助你走下「快樂跑步機」，擺脫適應了快樂的陷阱。但你不必作出什麼重大的新嘗試，比方說，如果你是右撇子，可以試試用左手刷牙；今晚回家時，試著走一條你不曾走過的路；吃吃看你從未聽過的食物；嘗試一種新運動。切記，這裡的任何建議都別做得太急太過，強迫自己突然改變習慣或狀態，對你沒有多大好處，中庸為宜。

• **訂定小而務實的目標。**我們喜歡懷抱大夢想，目標若特別具有建設性，就特別有成就感，能夠體驗到前文談過的那種心流與幹勁感。這當然很好，但是別忘了，生活是由許多小片段組成的，時時刻刻都很重要。你可以為自己訂定很小的目標，甚至是簡單到不行的目標，例如突然快跑一分鐘。還記得小時候你從一張沙發跳到另一張沙發上，想像自己試著在避開一條熔岩河嗎？就是類似這樣。在你喝水時，試試看你能否在五秒內喝完。你必須儘快讀完一本書嗎？試試看在這個小時結束前讀完兩頁。這些小目標很容易、不大費力，所以你會毫不猶豫地做，一旦你投入其中，就更可能會繼續下去。

聰明消費

前文提過，當年所得高於七萬五千美元以上時，所得的增加和你的幸福感的關連性就不大了。這是因為其他影響因素變得更重要，例如人際關係、家庭、朋友、抱負、夢想等，但這些並不是相互排斥的東西。三位心理學家伊麗莎白・鄧恩（Elizabeth W. Dunn）、丹尼爾・吉伯特（Daniel T. Gilbert）與提摩西・威爾森（Timothy D.Wilson）

在《消費心理學期刊》（*Journal of Consumer Psychology*）上發表了一篇研究報告，解釋：「若金錢未能帶給你幸福，很可能是你沒有正確使用。」[230]

我們往往花很多錢在帶給我們短暫立即滿足感的事物上，而不是花錢在使我們更幸福的事物上。未能正確預測快樂的未來後果是原因之一，再加上很少人用科學根據來處理有關幸福的疑問，我們往往傾向憑藉我們的直覺，但直覺卻幾乎總是不正確。這三位心理學家花費多年時間進行非常嚴謹、仔細的研究，參考的文獻數量多到非我們多數人能夠詳讀，如果你不想閱讀幾千頁的科學研究報告，你可以看看下列八點摘要，它們能幫助你更聰明消費。

1. **重視購買體驗，而非物質數量**。爲了安慰剛剛收到壞消息的朋友，我們常會建議他們：「出去逛逛街，買個好東西安慰一下自己。」但這恐怕不是好建議，因爲取得物質所帶來的快樂持續不了多久，我們很快就會習慣那些東西。東西雖然還在，但難以分享，體驗就不同了，它就像體驗者一般獨特，是可以預期、感受和記得的東西；最重要的是，我們可以和他人分享體驗，他人是我們最大的幸福源頭。

2. **多花錢幫助他人**。人類是地球上社會性最強的動物，我們是唯一創造出複雜社會網絡的物種，我們的社會網絡甚至包含和我們沒有直接關連的人。花錢在自己身上帶來的幸福感，不如花錢在他人身上帶來的幸福感，不論把錢用於慈善活動或朋友身上，都有助於提升我們的整體幸福感。而且，即使金額很小也一樣，甚至光是考慮要這麼做，都能夠帶來快樂。利社會支出（prosocial spending）對社會關係的影響程度非常大。

3.**購買許多的小快樂，勝過購買少數的大快樂**。這份研究報告寫道：「適應有點像死亡，我們害怕它、抗拒它，有時會搶先一步阻止它，但最後輸的總是我們。就像死亡一樣，接受其無可避免性，或許對我們有好處。」由於我們最終會適應幾乎任何事物，因此購買少數的大快樂其實並不值得，因爲適應會使快樂感快速消退，倒不如學習、品味來自許多小事物的體驗。當一個新境況愈是難以了解、解釋、適應，就愈刺激。小而頻繁的樂趣難以預料，它們帶給我們驚奇，它們很新鮮。下班後和朋友一起喝啤酒的感受，絕對不同於和女朋友一起喝啤酒的感受；然而，你上週買的餐桌大致上不會有什麼改變，很快就會失去新鮮感了。所以，請擁抱許多小體驗的新鮮與不確定性所帶來的興奮感。

4.**少買一點付費保固**。我們很容易適應好事，這是壞消息；好消息是，我們也很容易適應壞事。天有不測風雲，任何事都有可能發生，但是過了一年左右，它們對我們的整體幸福感就沒有多大的影響了。適應就像是一種心理免疫系統，保護我們免於壞感受過久。因此，爲消費性商品購買昂貴的延長保固期，也許是不必要的情緒性保護。人們購買延長保固期及更寬限的退換貨保險，爲的是預防未來的遺憾，但研究顯示，以快樂的短暫易退性來看，延長保固期未必能夠帶來快樂，退換貨保險實際上可能反而有損快樂。

5.**現在付費，未來消費**。立即的滿足感可能導致你購買自己負擔不起的東西，甚至可能讓你購買實際上並不需要的東西。衝動消費使你無法做出理智決定，也消除了你的期待感，而期待感是重要的快樂來源之一。延後消費除了可以創造期待感、帶來快樂，還可能以另外兩種方式增進幸福：其一，它可能改變你的選擇（你可能會作出更好、更明智的購買決定）；其二，它可能形成不確定性（如前所述，不確定性往往會帶來刺激，增進快樂感。）所以，爲了增進快樂，請試著品味——甚至延長——是否要購物及購買什麼的不確定性，並試著延長你想要的物品到手的時間。

6.**想一下你平常未思考的層面**。在考慮購買一個東西時，我們往往會放大來看它的一些主要特色，但實際上，在取得後，這些特色可能無助於改善我們的體驗。我們會看一件物品的主要特色，例如我們會注意到一棟房子有美麗外觀，卻沒有注意到實際上會影響我們生活的許多微小細節。我們高估了主要特色的重要性，但幸福其實存在於平日的細節處。在作出重大的購買決定之前，請一併考慮物品的運作與維修，想想看在你擁有這些東西之後，你實際上會把時間花在何處？請先想一下，你平日的生活一天是怎麼過的？想得仔細一點，思考一天的每個小時，然後再想這個購買決定對你這些日常作息有何影響？

7. **提防比較性購買**。比較性購買的危險性之一是，我們在購物時作出的比較，未必相同於我們眞正消費或使用這些東西時所作的比較。也就是說，我們購買某樣東西的理由，並不是我們將會享受擁有那樣東西的理由。所以，別爲了比較而比較，別被比較給騙了，只考慮實際上會影響你的樂趣或體驗的那些條件。

8. **多聽別人的意見，別太聽信你的大腦**。不要高估你的預測能力，以爲你可以準確預測到自己將會多享受某些東西。科學研究顯示，我們很不擅長這件事。如果某樣東西相當可靠地爲他人帶來快樂，那麼它很可能也會帶給你快樂。拜網際網路之賜，現在有大量網站讓人們對自己購買的東西作出評價，敘述使用體驗與感受。請在你的購買決策過程中，多考慮別人的意見和使用者評價，想像自己擁有這些東西後的可能情境。

最後，我們都知道金錢不是幸福的原動力，但正確使用金錢可以增進幸福。在決定花錢之前，不妨參考一下這八項原則，再決定需不需要花掉這筆錢。

21 未來是美好的

我最喜愛的電影之一，是李察・林克雷特（Richard Linklater）編導的《夢醒人生》（*Waking Life*）。[231] 這部片發行於二〇〇一年，使用轉描機技術（rotoscoping）拍攝，內容由夢境和眞實生活穿梭交織而成，深富哲理，發人深省，深深影響了我的人生以及我看待世界的方式。

電影中有一幕特別含有關於看待未來的哲理，我認爲這一幕貼切傳達了活著的本質，在這裡特別與各位分享。

火車上的男子：嘿，你是不是個夢想者？

威利：是啊。

火車上的男子：我近來已經很少看到夢想者了。夢想者現在的處境變得很艱難，他們說夢想是死路一條，沒人再作春秋大夢了。其實，夢想不是死了，只是被遺忘了。從我們的語言中移除，沒人再教它了，所以沒有人知道它的存在，夢想者被驅逐到陰暗的角落。不過，我打算改變這些，我希望你也一樣。作夢，而且天天作夢，用我們的手作夢，用我們的腦袋作夢。我們的地球正面臨有史以來最嚴重的問題，所以不管你做什麼，都別感到無聊。

這個簡單但往往被遺忘的事實，在今天更加眞確。自二十萬年前人類史展開以來，我們遙望星辰、注視焰火，讓想像力盡情馳騁。我們的大腦進化出新皮質層，發展出語言、抽象思考及欲望。我們克服了環境，決定不要被動地接受自然環境帶給我們的命運。我們能夠想像一個不同的世界、一個更好的未來，而且我們有能力落實。

這個世界很大，但也很小，這是我們的社會，一個複雜的有機體，看似難以了解或掌控，但幾個簡單但強而有力的概念就能改變一切。

有人要我們相信，個人行動不可能有望影響百萬人、甚至數十億人。千萬年來，個人只能希望用整個人生稍微改變歷史，也許只能影響一百人或至多幾千人而已。但是到了今天，我可能有機會用十年的時間改善人們的生活，受惠人數遠多於人類史上任何人施惠所及，而且你也可能做到，這是以往無人擁有的殊榮。一想到我們是第一個擁有這種機會的世代，就令人振奮和激動，這實在是太美好了！

我要用那位火車上的男子所說的最後一句話爲本書畫下句點，它道出了林克雷特的心聲，也道出了我的心聲：

「這絕對是我們此生能盼望到的最振奮時刻，一切才剛開始。」

附錄A
明智花費，提升家庭生活品質

我在本書第十八章敘述個人可以透過「慢活」，運用種種方法逐步提升生活品質。這篇附錄以相當典型的義大利四口之家的基本開銷爲例，爲各位提供範例。當然，我知道每個家庭的規模不同、需求也不同，不同國家有不同的法律、稅賦和生活成本，舉例而言，美國的薪資所得不會預扣稅額，但義大利和多數的歐洲國家則會代扣稅額，用以支付大部分的醫療費用和政府提供的其他服務。我知道存在著許多差異性，我只是想用眞實資料來檢視潛在問題。

下頁圖表A.1是我家二〇一一年的開銷，我家有四個人，包含我的父母、我的弟弟、我的妹妹。我們住在義大利北部，算是中產階級。我把開銷分爲幾大類，再把歐元換成美元，得出當年的總開銷爲四萬五四〇〇美元。我只列出我認爲維持基本生活

支出項目	年支出（美元）
食物	12,000
電力	2,000
瓦斯（供熱與烹飪）	3,000
稅（財產稅、水費、垃圾處理費）	1,000
房屋保險	700
三輛車的貸款	7,500
三輛車的開銷（稅、保險費、油錢、維修費）	7,500
衣服	3,000
旅行（火車、巴士）	2,000
意外支出	3,000
醫療費用	3,700
總計	45,400

圖表 A.1 我們家 2011 年的大致開銷，一個普通的義大利四口家庭。

所需的大致開銷。

各位一看就知道哪些項目的花費比較大，汽車開銷最高，合計一萬五千美元。我把汽車開銷分爲貸款成本（平均每輛車兩萬美元，均攤平均壽命八年），[232] 以及每年的保險費用、稅款、油錢、保養與維修成本等（三輛車約爲七千五百美元。）我母親的工作地點在住家附近，很樂意騎腳踏車代步。我弟弟有很多同事，後來決定與他們共乘，以分攤油錢。但我們仍然需要一輛車，因爲我父親經常旅行，而且一般來說，一個家庭至少需要一輛車。

支出項目	年支出（美元）
食物	9,000
電力	0
瓦斯（供熱與烹飪）	500
稅（財產稅、水費、垃圾處理費）	1,000
房屋保險	700
一輛車的貸款	2,500
一輛車的開銷（稅、保險費、油錢、維修費）	2,500
衣服	3,000
旅行（火車、巴士、汽車共乘）	3,000
意外支出	3,000
醫療費用	3,700
總計	28,900

圖表 A.2 同一家庭進行節能改造後的年開銷預估。

圖表A.1的第二大開銷項目是食物，一年約爲一萬兩千美元。我們自己栽種蔬果，一年可節省三千美元（參見第十八章。）經由住屋的節能改裝，電費與瓦斯費的開銷（分別爲兩千美元及三千美元），也可顯著降低。在此同時，因爲我們改爲仰賴大眾運輸工具和汽車共乘，所以旅行成本增加。

經過這些調整，新的家戶開銷數字如圖表A.2所示，一年的總開銷從四萬五四〇〇美元降至兩萬八九〇〇美元。當然，這無法在一年之內做到，因爲住屋的節能改裝和替代能源的投資成本，可能得花三個月到八年才能回收。我們必須用多年計劃來評估這些改變，這並非奇蹟似地解決一切的快速解方。

附錄B
成長的迷思

美國總統歐巴馬（Barack Obama）在二〇一二年對國會發表的國情咨文中，勾勒出一個重振美國的計劃，幾乎所有提案都有一個共通的基本假設：如果想要改善情況，必須使經濟成長。他提出的每項政策都有一個基本原理：透過勞工就業來刺激經濟成長，將是重建平衡、使所有人更幸福的驅動力。

聽起來很有道理？拜經濟成長之賜，每一個工業化國家的人民生活水準都提升了，可說經濟成長使我們走出貧窮。我們從農業爲主的經濟，邁入機器不停大量生產，把地球上的市場全球化。經濟成長帶給我們種種奇妙的東西，使我們的生活更便利，大體上也變得更好。我們有四通八達的平坦道路、燈光、火車、電力、飛機、自來水、電腦、手機、寬螢幕電視、網際網路、現代醫療等。不到一世紀的時間，我們的壽命增長一倍；經濟成長不僅使我們的生活更享受，還使我們的生命增長爲兩倍。

很好、很棒，十分了不起！我們應該無限地循著這條途徑，它將能夠解決我們所有的問題，我們會一直活得愈來愈好！在驟下結論之前，先來看看我們能夠持續這樣的光景多久。

經濟成長與能源消費

我們是獵人，也是強盜，無處不往，只有大地、海洋及天空能夠圍住我們，但闊路仍在輕聲地呼喚我們。我們這水陸形成的小星球，是容納了數百、數千、數百萬個世界的瘋人院，我們連自己的地球家園都管理不好，充滿了對抗與仇恨，居然還想去太空探險？等到我們準備好殖民最靠近的另一個星系時，我們都已經變了。屆時，無數的世代更迭將已經改變我們，生活需求也已經改變我們。我們是適應力強的物種，殖民南門二星（Alpha Centauri）和其他附近星球的，將不會是我們，而是和我們很像、但長處多於我們、缺點少於我們的另一個物種。他們更有自信、更有遠見、更有能力，也更深謀遠慮。儘管我們有種種缺點與不足，也很容易犯錯，我們人類還是能夠有偉大的成就。

——卡爾・薩根，《暗淡藍點》（*The Pale Blue Dot*）

並不是很久以前，我們是游牧之民，居住在能夠狩獵、採集之地。我們當時也是人類，但有幾十萬年的時間，我們的生活方式非常不同於現今的生活方式。人類以小部落方式生活，受限於自然界元素，辛苦求生。後來，環境改變了我們，先是農業，再來是工業革命，加上發現了便宜且豐富的能源，引領我們進入科學發現、探索，一個看似無限成長的時代，爲我們帶來現在視爲理所當然的種種現代舒適。舉凡電腦、你現在閱讀的這本書、室內燈光、舒適的冷暖氣、電力……這所有的一切若非匯集了人類的聰明才智、技術、能源，以及推動這一切的經濟制度，不可能發展出來。

以美國爲例，使用來自美國能源資訊署（Energy Information Agency）的資料，把一六五〇年起美國的能源使用量繪製成圖，可以看到能源消費曲線呈現非常平滑的軌跡，幾乎每年穩定成長三％。在下頁圖表B.1上，你可以看到自一六五〇年以來美國所有形式能源的總消費量，縱軸使用對數刻度，使得恆速成長率下的一條指數曲線看起來近似一條直線，該直線代表年成長率二・九％。

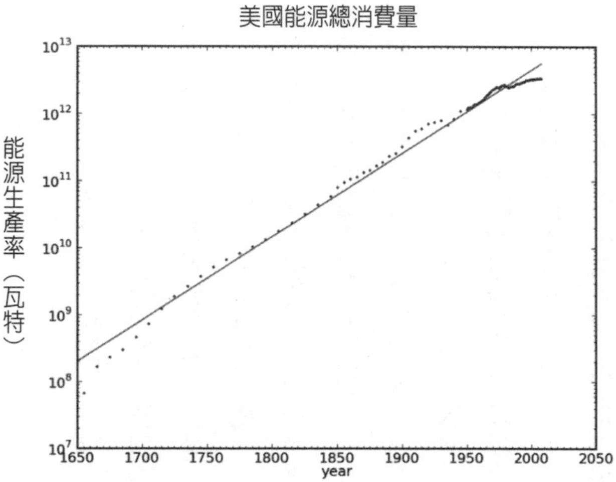

圖表 B.1 自 1650 年起美國所有形式能源的總消費量。製圖者：加州大學聖地牙哥分校物理系教授湯姆．墨菲（Tom Murphy）。

現在，我們來作個思考實驗。假設美國的能源消費繼續此成長軌跡，就像大野狼威利（Wile E. Coyote）追趕「無窮能源」嗶嗶鳥（Road Runner）一樣，試問在多久之後，我們會發現地下沒有能源了？最後會像大野狼威利那樣掉落懸崖？

爲了簡化起見，我們保守一點好了。假設每年能源消費量成長率爲二．三％，而非過去的實際年成長率三％——我選擇使用這個年成長率，是因爲這能讓我們便利地使用費米推論法（Fermi estimate）的思考實驗，在此成長率下，每一百年增爲十倍，[234]所以一百年後的能源消費量，是現今能源消費量的十倍。

目前，全球電力消費量約爲十五兆瓦，以七十億人口來公平分配的話，平均每人應該消費兩千瓦出頭。美國和加拿大人均使用量約一萬瓦，幾乎是全球公平分配量的五倍。歐洲國家雖然生活水準和北美國家差不多，但電力使用量控制在大約只有北美地區的一半，例如義大利是三千六百瓦，英國是四千兩百瓦。墨西哥人均用電量正好約爲兩千瓦，孟加拉人均用電量僅兩百瓦，落在最少的那一端。[235]現在，想像我們把地表全部土地面積鋪上高效率的太陽能板，能量轉換效率約爲二〇％，將可產生七千兆瓦的電力，大約是我們目前用量的四七〇倍。

前面已經算出，在年成長率二．三％之下，每一百年增爲十倍，因此十五兆瓦會變成一五〇兆瓦，再過一百年就會變成一五〇〇兆瓦，從現在起算的三百年後將是一萬五千兆瓦，這個需求量超過整個地球產生的太陽能電力的兩倍。實際上，只要循著這個消費軌跡二七〇年，整個地球產生的太陽能電力就已經不敷我們所需。二七〇年聽起來好像很長，但以人類文明史來看，就像轉瞬一般。

爲什麼我要這麼悲觀呢？到了那個時候，太陽能板的能量轉換率一定已經超過二〇％了，還會有新智慧和新技術，充滿無限的可能性啊！好吧，咱們就嘲笑那該死的熱力學，就算未來的太陽能板能量轉換率將可達到一〇〇％，但這也只能爲我們再掙個七十年。喔，對了，剛剛說只要把地表全部土地面積鋪上太陽能板（誰還需要食物呢？），我們爲何不把腦筋也動到海洋面積上？只要設法弄出巨大的光電太陽能板，像整個地表面積那麼大，並且把它的能量轉換率提高到一〇〇％，別管這樣一來，幾乎所有生命（包括我們在內）都將被毀滅了，因爲我們需要更多能源！不過就算這樣，最多也只能爲我們再掙個五十五年，所以大約在四百年的持續成長之後，我們就會耗盡來自太陽的全部能源。

此時，你可能不以爲然，因爲我們還有其他能源啊！需要我提醒你，生物質、風力發電和水力發電等，這些全都得靠太陽輻射嗎？那麼，化石燃料呢？首先，我們都知道，它們很快就會用盡了，在這個世紀結束之前，它們都將已經枯竭。再者，化石燃料也是靠太陽，它們是死掉的植物歷經幾百萬年變成高濃度的碳氫化合物能源。截至目前爲止，我們有三種能源不需要靠太陽光：核能、地熱、潮汐，後兩者所能產生的電力分別只有幾兆瓦，所以不影響我們的分析。

我知道，讀到這裡，《銀河飛龍》迷大概已經受不了我這種簡單頭腦和毫無遠見了。爲什麼要把我們都束縛在這個地球上？未來顯然是在太空中啊！我們何不設法建造一個戴森球（Dyson Sphere），用太陽能板把整個太陽都包覆起來？而且，我們可以把這些太陽能板弄得超薄（四毫米厚度），這樣就有一〇〇％的能量轉換率。姑且不論這將需要使用相當於一整個地球的材料，在二．三％的成長率之下，這也只能供給我們一三〇〇年的能源。

可能有讀者認爲，我顯然在鑽死胡同。幹麼要耗盡地球的生命泉源呢？讓陽光繼續閃耀，我們可以使用其他星球啊。我們有一整個銀河系當作靠山呢，有一千億顆星球等著被我們的能源「黑洞」吸光！姑且不論克服光速的問題，因爲到那時我們一定已經解決這個問題了，就讓我們假設我們能夠星際旅行吧。還記得每一百年增爲十倍嗎？一千億是10^{11}，所以銀河提供的能源，只能讓我們再撐個一一〇〇年。所以，從現在起算約二五〇〇年後，我們將消耗大銀河系提供的能源，而且這是假設我們可以做到百分之百的能源轉換率（可能嗎？），還能夠克服光速限制（非常不可能）；此外，我們用來蒐集和輸送另一個星球的能源所需使用的能源，必須少於我們從該星球蒐集到的能源（我可不會對此下注。）

假設我們都成功克服了這些「小型」的工程問題，到那個時候我們將有負能源船可以摺合時空，也能夠駕馭量子力學及其神祕的穿隧效應（tunnelling effect），核融合也將會是輕而易舉的東西，能爲我們提供無限能源和永遠的繁榮，對吧？唉，簡單一句：不是。不論什麼技術，在能源消費成長率維持二．三％的情況下，我們必須在四百年內產生相當於整個太陽供給的能源。就算我們建了一座核融合廠，熱的問題也難以解決，因爲根據熱力學，若我們在地球上生產出匹敵整個太陽的能源，遠比太陽還小的地球，地表溫度將會比太陽表面還要熱！[236]

這樣的結果顯然很荒唐，因爲我們不可能爲了創造更多能源而把自己煮熟，也不可能把地球變成一個人類物種完全無法居住的地方。從純粹數學與物理學的角度來看，我們知道下列這點：在能源消費呈指數成長的情況下，我們的經濟將無法繼續成長，這是不可能的事，不論發展出什麼技術，不論我們變得多麼富有創造力、多聰明，不論有什麼能源，熱力學不會讓我們的經濟繼續成長。也就是說，如果我們繼續信奉以往的成長典範，這些成長必須以不需要實物或能源爲基礎。這是什麼意思呢？就是在不打破物理定律下，繼續成長的唯一之道是只生產無形的產品與服務。

說得明白一點，就是我們所有人都得變成音樂家、作家、心理學家或按摩治療師！我們所有人都得互相銷售我們人生的每一個時刻，不僅是我們的知識與專長，還有我們的智識與創造力，以及我們的創意與親密度，而且價格總是愈來愈高。換言之，我們將生活在虛擬世界，就像線上遊戲《第二人生》（*Second Life*），或是臉書或推特的某種進化版。我們會向彼此銷售數位產品，使用數位貨幣。其實，在我們目前生活的許多層面，我們已經開始了這種遊戲化，何不把它推進至下一個層次呢？一切都將變成大規模的遊戲，多麼光明的未來啊！

聽起來很荒謬，對吧？我也同意。但這是能讓我們的經濟繼續成長，而不撞上一種不僅荒謬、而且根本不可能做到的情境的唯一途徑。

令人驚訝的是，這些可能的結果不但並未引起主流經濟學家的爭論，他們甚至予以漠視。我找不到任何一位經濟學家站出來和物理學家及數學家辯論這種分析的正確性，他們選擇不予理會。但是，這種「不看，不聽，不言」的遊戲，我們還能繼續玩多久？就連非常了解指數成長的含義，知道指數成長將如何影響全球經濟的未來學家柯茲魏爾，似乎也並未對這些可能結果感到不安——別誤會我的意思，柯茲魏爾是非常聰穎的人，如果連他都不擔心了，會不會是我疏漏了什麼呢？可是，我和經濟學家及未來學家相談，閱讀他們的著作，仍然找不到對此難題的解答。他們認爲，經濟會自行找到出路，因爲……呃，經濟向來都自行找到出路。除了地球以往的成長（但以往的成長從未接近實際上可能發生的物理極限），如果還有別的證據支持的話，這種套套邏輯重複說一樣的話倒也可以理解。

我聽過幾個不認同「不可能繼續成長」論點的批評，其中一個說我沒有考慮到市場機制的最重要層面：效率。這種批評的論點大致如下：伴隨技術進步，效率跟著提升，所以沒有理由擔心，市場會自我調整。我想讓各位知道，提出這種論點的人要不就是沒有察覺自己犯了錯，要不就是在撒謊。但讓我們姑且信之，我說他們大多是很眞誠的人，只不過是沒弄清楚自己的論點罷了。

我們來看看效率論的邏輯。必須先了解的一點是，不論你使用什麼技術，不論你有多聰明，不論你是多麼優秀的創業家，你能達到的效率提升必定有物理極限。不論你再怎麼努力，都無法超越一〇〇%的效率；事實上，根據熱力學，你甚至不可能達到一〇〇%的效率，但我們能夠做到十分接近目標的程度。化石燃料及核能電廠的能源轉換效率約爲三〇至四〇%，汽車的能源轉換效率約爲十五至二五%，因此熱引擎大約占據美國總能源用量的三分之二——交通運輸工具占了二七%，發電占了三六%。提出此分析的加州大學聖地牙哥分校物理系教授湯姆・墨菲（Tom Murphy）寫道：

> 以汽油爲動力的車子，能源使用效率無法有顯著的改善，但是改用電動傳動系統，就可顯著改善效率。每加侖跑四十英里的汽車，可能使用一個效率二〇%的汽油引擎，反觀使用電池的傳動系統，可能達到七〇%的效率（電池充電的效率約八五%，電動車的效率約八五%），這三・五倍的效率改善代表每加侖可跑一四〇英里。不過，要特別注明的一點是，若這電力是來自能源轉換效率四〇%、傳輸效率九〇%的化石燃料發電廠，這種效率的提升就會降低至只有二五%，差距就不是那麼大了。……由於我們的能源用量有三

分之二被用於熱引擎的燃燒，而這部分的效率改善無法超過一倍，其他領域的效率顯著提升的價值就相對降低了。舉例而言，用效率達到最高理論效率水準的熱幫浦來取代用於直接產生熱能（例如暖氣爐和熱水器）的能源預算的十％，等同於用一％的支出取代十％的支出，雖然十倍的改善聽起來好像很不錯，但社會的整體能源使用效率改善度只有九％。同理也適用於電燈泡的更替，雖然效率提升很多，但是只發生在占能源用量甚小的區塊。當然，我們仍應繼續追求這些效率改善，但我們不能期望這些改善能爲我們提供無限的成長。[237]

總而言之，在達到理論極限、面對工程現實之前，我們最多只能期望淨效率的提升增加一倍。以目前的整體效率提升率一％而言，這意味我們可能在這個世紀就達到效率提升的極限了。效率論的潛力就只有這麼多而已。

如果你覺得我在這「不可能繼續成長」論上，實在談得太多、令你疲憊不堪，請原諒我。但我還是要強調我先前所說的：我們談的這些，和技術、時間或市場無關，這根本是物理限制。不論我們怎麼做，在每年二．三％能源用量成長率之下（這已經比過去一百五十年間的成長率要低很多了），我們在幾十年後就會達到物理極限，這絕非長期的生存之計，不是嗎？而且，就算不去過度展望未來，效率上的限制將使我們多數人在有生之年受到影響，至於我們的孩子受到的影響就更不用說了。這件事其實一點都不有趣，下次你聽到某人聲稱經濟可以永遠持續成長，而且說你不了解是因爲你沒有把效率考慮進去，你知道應該如何回應了。

結論是，我希望我們能夠更宏觀地看待這個課題。誠如墨菲教授所言，我們整個社會就像小孩要求父母買匹小馬給自己養一樣，但其實都還沒學會如何照顧沙鼠（油峰、環境惡化）呢，竟然開口要求一匹小馬（核融合或任何我們以爲的無限能源供給、太空殖民、無限成長），這是既自大又不負責任的行爲。

我們不能總是像個被寵壞的小孩，該是長大、向前邁進的時候了。

最後致謝

我在 IndieGoGo 平台上向群眾募資時獲得一些人的支持，在此向他們致謝：薩瑞齊歐・畢索尼（Maurizio Bisogni）、蘇西・奎利斯（Susi Guarise）、西蒙・羅達（Simone Roda）、亞歷山德羅・隆卡（Alessandro Ronca）、西里歐・馬齊（Sirio Marchi）、羅倫佐・葛瑞斯班（Lorenzo Grespan）、索倫・拉森・施密德（Søren Lassen Schmidt）、史帝夫・腓特烈（Steve Friedrich），以及傑森・索德斯（Jason Souders）。

再次感謝你們的支持。

注釋

謝辭

1 應該說是「暫時離開鍵盤」（ＡＦＫ, away from keyboard）的人，因爲我認爲網際網路也是眞實生活。

1 當前的失業情形

2 Motoko Rich, "U.S. Posts Stronger Job Growth in July," *The New York Times*, August 5, 2011, http://www.nytimes.com/2011/08/06/business/economy/us-posts-solid-job-gains-amid-fears.html?pagewanted=all.

3 David Leonhardt, "Private Sector Up, Government Down," *The New York Times*, August 5, 2011, http://econo-

mix.blogs.nytimes.com/2011/08/05/private-sector-up-government-down/.

4 Laura D'Andrea Tyson, "Jobs Deficit, Investment Deficit, Fiscal Deficit," *The New York Times,* July 29, 2011, http://economix.blogs.nytimes.com/2011/07/29/jobs-deficit-investment-deficit-fiscal-deficit/.

5 "The Employment Situation," Bureau of Labor Statistics, http://www.bls.gov/news.release/pdf/empsit.pdf.

6 "Civilian Labor Force Participation Rate," Bureau of Labor Statistics, http://data.bls.gov/timeseries/LNS11300000.

7 Erik Brynjolfsson and Andrew McAfee, *Race Against the Machine: How the Digital Revolution is Accelerating Innovation, Driving Productivity, and Irreversibly Transforming Employment and the Economy* (Digital Frontier Press, 2012), http://raceagainstthemachine.com.

8 Jeremy Rifkin, *The End of Work: The Decline of the Global Labor Force and the Dawn of the Post-Market Era*, http://www.foet.org/books/end-work.html.

9 *The End of Work*, Wikipedia, http://en.wikipedia.org/wiki/The_End_of_Work.

10 Annalyn Censky, "A rough 10 years for the middle class," CNN Money, October 14, 2011, http://money.cnn.com/2011/09/21/news/economy/middle_class_income/index.htm.

11 Michael Snyder, "22 Statistics That Prove The Middle Class Is Being Systematically Wiped Out Of Existence In America," *Business Insider*, July 15, 2010, http://www.businessinsider.com/22-statistics-that-prove-the-middle-class-is-being-systematically-wiped-out-of-existence-in-america-2010-7.

12 US Congressional Budget Office, 2011. Graphics adapted from *Mother Jones*, http://motherjones.com/politics/2011/02/income-inequality-in-america-chart-graph.

13 Michael I. Norton and Dan Ariely, "Building a Better America—One Wealth Quintile at a Time," *Perspectives on Psychological Science*, http://pps.sagepub.com/content/6/1/9.

14 我高度推薦柯比・佛格森（Kirby Ferguson）製作的四節短片《一切都是混搭》(*Everything is a Remix*)，這是我看過探討此一主題的最佳作品之一。http://www.everythingisaremix.info.

2 盧德謬論

15 J. L. Hammond and Barbara Hammond, *The Skilled Labourer 1760-1832,* p.259 (Longmans, Green and Co., 1919), http://www.archive.org/details/skilledlabourer00hammiala.

16 "Difference Engine: Luddite legacy," *The Economist*, November 4, 2011, http://www.economist.com/blogs/babbage/2011/11/artificial-intelligence.

17 Alexander Tabarrok, "Productivity and unemployment," *Marginal Revolution*, December 31, 2003, http://www.marginalrevolution.com/marginalrevolution/2003/12/productivity_an.html.

18 "Harmonised unemployment rate by sex," Eurostat, http://epp.eurostat.ec.europa.eu/tgm/table.do?tab=table&language=en&pcode=teilm020&tableSelection=1&plugin=1.

19 "American Notes: Vonnegut's Gospel," *Time*, June 29, 1970, http://www.time.com/time/magazine/arti-

cle/0,9171,878826,00.html.

3 指數成長

20 Albert Bartlett, *Sustainability 101: Arithmetic, Population, and Energy*, http://jclahr.com/bartlett/.

21 背後原理相當簡單：$100\ln(2)$ 約爲七〇，因此計算倍增時間時，使用的公式爲 $100\ln(2) = 69.3$。若想知道增爲三倍所需花費的時間（三倍時間），使用的公式爲 $100\ln(3) = 109.8$。若想知道成長爲 n 倍所需花費的時間（n 倍時間），使用的公式爲 $100\ln(n)$。

22 Rule of 70, Wikipedia, http://en.wikipedia.org/wiki/Rule_of_70.

23 根據一些記述，他是德拉維達（Dravida）語系族維拉拉（Vellalar）種姓階級。德拉維達人泛指使用德拉維達語者，約有兩億兩千萬人口，大多居住於印度南部。維拉拉階級（Vellalars，又名 Velalars、Vellalas）是源於印度南部鄰近斯里蘭卡的坦米爾納德邦（Tamil Nadu State）和喀拉拉邦（Kerala States）的坦米爾農業地主中的精英種姓階級，他們是古坦米爾（Chera/Chola/Pandya/Sangam 時代）階級制度下的王公貴族，和姓氏爲 Sessa 或 Sissa 的王朝關係密切。參見 http://en.wikipedia.org/wiki/Dravidian_peoples，以及 http://en.wikipedia.org/wiki/Vellalar。這個故事有許多不同的版本，其中一個版本的時空背景是在羅馬帝國，涉及一位英勇將領和他的國君；另一個版本描述此故事發生於市場上的兩位商人。所有版本描繪的時空境況不同，但結果相同，參見 http://en.wikipedia.org/wiki/Wheat_and_chessboard_

problem。

24 此圖片複製自維基百科：http://en.wikipedia.org/wiki/File:Wheat_Chessboard_with_line.svg。

4 資訊科技

25 Gordon E. Moore, "Cramming More Components onto Integrated Circuits," *Electronics Magazine*, p.4, http://download.intel.com/museum/Moores_Law/Articles-Press_Releases/Gordon_Moore_1965_Article.pdf.

26 Ray Kurzweil, "The Law of Accelerating Returns," March 7, 2001, http://www.kurzweilai.net/the-law-of-accelerating-returns.

5 智能

27「中文房間」論證是由哲學家約翰・希爾勒（John Searle）提出的一個思想實驗：假設有一種程式，能讓電腦以書寫中文方式進行有思考力的交談，若把這套程式提供給只會英語的人用手執行這套程式的規則指示，那麼理論上，此人應該也能夠以書寫中文進行交談，但他並不了解交談內容。徵諸同理，瑟爾的結論是，執行這套程式的電腦也不了解交談內容。參見 http://plato.stanford.edu/entries/chinese-room/，以及 http://en.wikipedia.org/wiki/Chinese_room。

28 這動作是舉起一個手掌蓋住臉，或是把臉埋入一或兩個手掌裡。在許多文化中，這種動作用以表示沮喪、失望、困窘、震驚或驚訝。在電視影集《銀河飛龍》（*Star Trek: The Next Generation*）中，畢凱艦長（Captain Jean-Luc Picard）在第三季第十三集〈Déjà Q〉中常以此動作表達沮喪，這動作因此流行起來，在網路上爆紅。參見 http://picardfacepalm.com/，以及 http://en.wikipedia.org/wiki/Facepalm。

29 Rodney A. Brooks, "Intelligence Without Reason," Massachusetts Institute of Technology Artificial Intelligence Laboratory, April, 1991, http://people.csail.mit.edu/brooks/papers/AIM-1293.pdf.

30 Jeff Hawkins and Sandra Blakeslee, *On Intelligence: How a New Understanding of the Brain Will Lead to the Creation of Truly Intelligent Machines* (2004)；Marvin Minsky, *The Emotion Machine: Commonsense Thinking, Artificial Intelligence, and the Future of the Human Mind* (2006).

6 人工智慧

31 Martin Ford, *The Lights in the Tunnel: Automation, Accelerating Technology and the Economy of the Future*, pp.64-67 (CreateSpace Independent Publishing Platform, 2009)。

32 馬丁・福特在其著作《隧道之光》中寫道：「實際上，有另一項因素或許能延緩醫事放射師工作的完全自動化，這項因素是執業過失的責任。在解讀醫療掃描影像時若出了疏失，可能對病患造成可怕傷害，完全自動化系統的製造商將承擔這種疏失的巨大責任。這種潛在的執業過失責任當然也落在醫事放射師的肩上，但它分散在成千上萬的醫事放射師身上。不過，相關立法或法院判決有可能在未來移除此項障礙，促進完全自動化的發展。舉例來說，二〇〇八年二月，美國最高法院以八比一票通過一項判決：在特定情況下，經美國食品藥品監督管理局（U.S. Food and Drug Administration，FDA）核准上市的醫療器材，其製造商免負產品過失責任。一般來說，我們可以預期產品責任或工會力量之類的非技術性因素，可能會在一些領域延緩自動化的進展，但自動化的整體趨勢腳步仍不停歇。」參見該書原文版第六十七頁。

33 Juval Aviv, “Can AI Fight Terrorism?,” *Forbes*, June 22, 2009, http://www.forbes.com/2009/06/18/ai-terrorism-interfor-opinions-contributors-artificial-intelligence-09-juval-aviv.html.

34 Clay Dillow, “Smart CCTV System Would Use Algorithm to Zero in on Crime-Like Behavior,” *Popular Science*, August 24, 2011, http://www.popsci.com/technology/article/2011-08/new-cctv-system-would-use-behavior-recognition-zero-crimes.

35 Martin Stack, Myles Gartland, and Timothy Keane, “The Offshoring of Radiology: Myths and Realities,” *SAM Advanced Management Journal*, Vol. 72, pp.44-51.

36 François Fleuret, Ting Li, Charles Dubout, Emma K. Wampler, Steven Yantis, and Donald Geman, “Comparing machines and humans on a visual categorization test,” *Proceedings of the National Academy of Sciences*, http://www.pnas.org/content/early/2011/10/11/1109168108.full.pdf.

37 Ray Kurzweil, *The Singularity Is Near: When Humans Transcend Biology* (Viking, 2005).

7 自動化的發展現況

38 根據日本自動販賣機工業會網站提供的資訊，日本二〇一二年有八六一萬五二一台自動販賣機，平均每十四人就有一台，參見 http://www.jvma.or.jp/information。

39 Julianne Pepitone, "Amazon buys army of robots," CNN Money, March 20, 2012, http://money.cnn.com/2012/03/20/technology/amazon-kiva-robots/index.htm?hpt=hp_t3.

40 *Tesco Home plus Virtual Subway Store in South Korea*, http://www.youtube.com/watch?v=fGaVFRzTTP4.

41 "The Weight of Walmart (Infographic), http://frugaldad.com/2011/12/01/weight-of-walmart-infographic/.

42 "Strikes end at two Chinese automotive suppliers," *Reuters*, http://www.reuters.com/article/idUSTRE66L0A220100722.

43 "The Circuits Assembly Top 50 EMS Companies," *Circuits Assembly* (2009), http://circuitsassembly.com/cms/images/stories/ArticleImages/1003/1003buetow_table3.pdf.

44 "Forbes Global 2000: The World's Biggest Companies—Hon Hai Precision Industry," *Forbes*, http://www.forbes.com/companies/hon-hai-precision/.

45 "Which is the world's biggest employer?," BBC News, http://www.bbc.co.uk/news/magazine-17429786.

46 "Apple partnership boosting Foxconn market share," CNET, July 27, 2010, http://news.cnet.com/8301-13579_3-20011800-37.html.

47 "Foxconn to replace workers with 1 million robots in 3 years," *Xinhuanet News*, July 30, 2011, http://news.xinhuanet.com/english2010/china/2011-07/30/c_131018764.htm.

48 "Companies Making The Necessary Transition From Industrial To Service Robots," Singularity Hub, June 06, 2012, http://singularityhub.com/2012/06/06/companies-making-the-necessary-transition-from-industrial-to-service-robots/.

49 "Foxconn factories are labour camps: report," *South China Morning Post*, October 11, 2010, http://www.scmp.com/article/727143/foxconn-factories-are-labour-camps-report.

50 "Foxconn security guards caught beating factory workers," Shanghaiist, http://shanghaiist.com/2010/05/20/foxconn-security-guards-beating.php.

51 "Revealed: Inside the Chinese Suicide Sweatshop Where Workers Toil in 34-Hour Shifts to Make Your iPod," *DailyMail* (London), June 11, 2010, http://www.dailymail.co.uk/news/article-1285980/Revealed-Inside-Chinese-suicide-sweatshop-workers-toil-34-hour-shifts-make-iPod.html.

52 "Suicides at Foxconn," *The Economist*, May 27, 2010, http://www.economist.com/node/16231588.

53 "Canon Camera Factory to Go Fully Automated, Phase Out Human Workers," Singularity Hub, June 06, 2012, http://singularityhub.com/2012/06/06/canon-camera-factory-to-go-fully-automated-phase-out-human-workers/.

54 "China Is Replacing Its Workers With Robots," *Business Insider*, August 15, 2012, http://www.businessinsider.

com/credit-suisse-chinese-automation-boom-2012-8.

55 "The Machines Are Taking Over," *The New York Times*, September 14, 2012, http://www.nytimes.com/2012/09/16/magazine/how-computerized-tutors-are-learning-to-teach-humans.html.

56 "Why Software Is Eating The World," *The Wall Street Journal*, August 20, 2011, http://on.wsj.com/pC7IrX.

57 在電視影集《銀河飛龍》中，複製機的運作方式是把比原子還要小的粒子（宇宙中到處存在這種粒子）重組形成分子，再用這些分子製成物體。例如，想要製造出一塊豬排，食物複製機首先形成碳、氫、氮等原子，再把它們組合成胺基酸、蛋白質及細胞，然後把這些分子組合成豬排。參見：http://en.wikipedia.org/wiki/Replicator_(Star_Trek)。

58 "Will 3D Printing Change The World?," *Forbes*, March 06, 2012, http://www.forbes.com/sites/gcaptain/2012/03/06/will-3d-printing-change-the-world/print/.

59 Objet Connex 3D printers, http://www.ops-uk.com/3d-printers/objet-connex.

60 Chris Brandrick, "iPhone 4's Retina Display Explained," PC World.in, June 09, 2010, http://www.pcworld.in/news/iphone-4s-retina-display-explained.

61 "3D printing," http://www.explainingthefuture.com/3dprinting.html.

62 Lisa Harouni, *A primer on 3D printing*, TEDSalon London, Spring 2011, http://www.ted.com/talks/lisa_harouni_a_primer_on_3d_printing.html.

63 *3D-printed prosthetics offer amputees new lease on life*, *Reuters*, http://www.reuters.com/video/2012/02/27/3d-

printed-prosthetics-offer-amputees-ne?videoId=230878689.

64 *3D printer used to make bone-like material*, Washington State University, November 29, 2011, https://news.wsu.edu/2011/11/29/3d-printer-used-to-make-bone-like-material-video/#.Vl228d8rLCU.

65 "Making a bit of me, a machine that prints organs is coming to market," *The Economist*, February 18, 2010, http://www.economist.com/node/15543683.

66 "Transplant jaw made by 3D printer claimed as first," BBC News, March 08, 2012, http://www.bbc.com/news/technology-16907104.

67 Bespoke, http://www.bespokeinnovations.com/content/what-drives-us.

68 Thingiverse, http://www.thingiverse.com.

69 "First Downloaded and 3D Printed Pirate Bay Ship Arrives," TorrentFreak, February 05, 2012, http://torrentfreak.com/first-downloaded-and-3d-printed-pirate-bay-ship-arrives-120205/.

70 *30-story building built in 15 days*, YouTube, http://www.youtube.com/watch?&v=Hdpf-MQM9vY.

71 "Time Lapse Captures 30-Story Hotel Construction That Took Just 15 Days to Build," The Blaze, January 09, 2012, http://www.theblaze.com/stories/time-lapse-captures-30-story-hotel-construction-that-took-just-15-days-to-build/.

72 "Annenberg Foundation Puts Robotic Disaster Rebuilding Technology on Fast Track," University of Southern California School of Engineering, http://viterbi.usc.edu/news/news/2005/news_20051110.htm.

73 *House-Bot*, The Science Channel, December 30, 2005.

74 "Census of Fatal Occupational Injuries Summary," Bureau of Labour Statistics (2010), http://bls.gov/news.release/cfoi.nr0.htm.

75 "Caterpillar Inc. Funds Viterbi 'Print-a-House' Construction Technology," University of Southern California School of Engineering, http://viterbi.usc.edu/news/news/2008/caterpillar-inc-funds.htm.

76 *Colloquium with Behrokh Khoshnevis*, Massachusetts Institute of Technology, http://www.media.mit.edu/node/2277.

77 *GSP-09 Team Project: ACASA* (2009), YouTube, http://www.youtube.com/watch?v=172Wne1t_2Q.

78 Justin Bachman, "Are Sportswriters Really Necessary?," Bloomberg Business, April 29, 2010, http://www.businessweek.com/magazine/content/10_19/b4177037188386.htm.

79 Frederic Friedel, "Garry Kasparov vs. Deep Blue," Daily Chess Columns, http://www.chessbase.com/columns/column.asp?pid=146.

80 在電腦科學中，蠻力搜尋法（brute-force search）或窮舉搜尋法（exhaustive search）又稱爲「生成與檢驗」（generate and test），是一種簡單但很總括的問題解決方法，包含有系統地列舉所有可能的解方，檢查每個可能解方是否滿足問題所說的目標。舉例而言，用蠻力演算法來尋找一個自然數 n 的除數時，其方法是列舉從 1 到 n 的平方根的所有整數，然後逐一檢查 n 除以每個整數是否能除盡而沒有餘數。參見：http://en.wikipedia.org/wiki/Brute-

force_search。

81 "Chatbots fail to convince judges that they're human," *New Scientist*, October 20, 2011, http://www.newscientist.com/blogs/onepercent/2011/10/turing-test-chatbots-kneel-bef.html.

82 *Jeopardy!*, http://www.jeopardy.com/showguide/abouttheshow/showhistory/.

83 John Markoff, "Computer Program to Take On 'Jeopardy!'," *The New York Times*, April 26, 2009, http://www.nytimes.com/2009/04/27/technology/27jeopardy.html.

84 IBM指出，華生是一套專爲複雜分析而設計的工作負載最適化系統，藉由結合大規模並行運作的 POWER7 處理器和 IBM DeepQA 軟體，使其能在三秒鐘內回答《危險邊緣》的題目。華生是由九十部 IBM Power 750 伺服器所組成的伺服器群，有十櫃額外的輸入輸出埠、網路和伺服器群控制節點。它有二八八〇顆 POWER7 處理器核心，以及十六TB的隨機存取記憶體（RAM）。每一部 Power 750 伺服器使用一個三・五吉赫（GHz）、八核心的 POWER7 處理器，每個核心有四執行緒（thread）。POWER7 處理器的大規模並行處理能力，能和高度並行化結構的 IBM DeepQA 軟體理想搭配；並行處理模式把工作量拆解成多個並行處理的工作。參見：http://www-03.ibm.com/systems/power/advantages/watson/index.html。

85 David Ferrucci, "Instant Reaction: Man-Made Minds," World Science Festival, June 05, 2011, http://worldsciencefestival.com/blog/instant_reaction_man_made_minds.

86 Nick Wakeman, "IBM's Watson heads to medical school," *Washington Technology*, February 17, 2011, http://

washingtontechnology.com/articles/2011/02/17/ibm-watson-next-steps.aspx. Watson, Wikipedia, https://en.wikipedia.org/wiki/Watson_(computer).

87 Natasha Singer, "Mission Control, Built for Cities: I.B.M. Takes 'Smarter Cities' Concept to Rio de Janeiro," *The New York Times*, March 03, 2012, http://www.nytimes.com/2012/03/04/business/ibm-takes-smarter-cities-concept-to-rio-de-janeiro.html?pagewanted=all.

88 "Will IBM Watson Be Your Next Mayor?," Slashdot, http://yro.slashdot.org/story/12/04/27/0029256/will-ibm-watson-be-your-next-mayor.

89 The Internet of Things, Wikipedia, http://en.wikipedia.org/wiki/Internet_of_Things.

90 P. Magrassi, A. Panarella, N. Deighton and G. Johnson, "Computers to Acquire Control of the Physical World," Gartner research report T-14-0301, September 28, 2011.

91 P. Magrassi, T. Berg, "A World of Smart Objects," Gartner research report R-17-2243, August 12, 2002, http://www.gartner.com/DisplayDocument?id=366151.

92 "Study: Intelligent Cars Could Boost Highway Capacity by 273%," Institute of Electrical and Electronics Engineers, September 04, 2012, http://spectrum.ieee.org/automaton/robotics/artificial-intelligence/intelligent-cars-could-boost-highway-capacity-by-273.

8 社會接受度

93 Internet Usage Statistics, The Internet Big Picture, World Internet Users and Population Stats, http://www.internetworldstats.com/stats.htm.

94 *Freedom on the Net*, Freedom House (2011), http://www.freedomhouse.org/report/freedom-net/freedom-net-2011.

95 Internet censorship in the United States, Wikipedia, http://en.wikipedia.org/wiki/Internet_censorship_in_the_United_States.

96 *PROTECT IP/SOPA Breaks The Internet*, Kirby Ferguson, 2012, http://vimeo.com/31100268.

97 Stop Online Piracy Act, Wikipedia, http://en.wikipedia.org/wiki/Stop_Online_Piracy_Act.

98 "Anti-Counterfeiting Trade Agreement, What is ACTA?," Electronic Frontier Foundation, https://www.eff.org/issues/acta.

99 Extracts from the Slashdot discussion on SOPA, http://tech.slashdot.org/story/11/12/16/1943257/congresss-techno-ignorance-no-longer-funny.

100 Robert Lenzner, "The Top 0.1% Of The Nation Earn Half Of All Capital Gains," *Forbes*, November 20, 2011, http://www.forbes.com/sites/robertlenzner/2011/11/20/the-top-0-1-of-the-nation-earn-half-of-all-capital-gains/.

101 *National Assessment of Adult Literacy (NAAL)*, National Center for Education Statistics, http://nces.ed.gov/naal/kf_demographics.asp.

102 *Human Development Report 2009*, United Nations Development Programme, http://hdr.undp.org/en/media/HDR_2009_EN_Complete.pdf.

103 "Americans' Global Warming Concerns Continue to Drop," Gallup, March 11, 2010, http://www.gallup.com/poll/126560/americans-global-warming-concerns-continue-drop.aspx.

104 "Climate scepticism 'on the rise,' BBC poll shows," BBC, http://news.bbc.co.uk/2/hi/8500443.stm.

105 "Climate change: How do we know?," NASA, http://climate.nasa.gov/evidence/.

106 "Climate Change Skeptic Results Released Today," Slashdot, October 31, 2011, http://news.slashdot.org/story/11/10/31/1255205/climate-change-skeptic-results-released-today.

107 Marshall Brain, "Robotic Nation," http://marshallbrain.com/robotic-nation.htm.

9 未來的失業

108 "Employed persons by detailed occupation, sex, race, and Hispanic or Latino ethnicity," Bureau of Labor Statistics, ftp://ftp.bls.gov/pub/special.requests/lf/aat11.txt.

109 "Employment Situation Summary," Bureau of Labor Statistics, http://www.bls.gov/news.release/empsit.nr0.htm.

110 "Employment status of the civilian noninstitutional population, 1940 to date," Bureau of Labor Statistics, ftp://ftp.bls.gov/pub/special.requests/lf/aat1.txt.

111 "Eurozone Unemployment Hits 10.9%, A Record High," *Huffington Post*, May 02, 2012, http://www.huffingtonpost.com/2012/05/02/eurozone-unemployment-hits-record-high_n_1470237.html.

112 Annalyn Censky, "The 86 million invisible unemployed," CNN Money, May 04, 2012, http://money.cnn.com/2012/05/03/news/economy/unemployment-rate/index.htm.

113 Ken Robinson, *Do schools kill creativity?*, TED2006, http://www.ted.com/talks/ken_robinson_says_schools_kill_creativity.html.

114 Ken Robinson, *Bring on the learning revolution!*, TED2010, http://www.ted.com/talks/sir_ken_robinson_bring_on_the_revolution.html.

115 我當然不認爲人員是「累贅」，完全相反。但在跨國企業眼中，缺乏效率的工作者意味的是獲利損失，對它們來說，最重要的是獲利，視人員比獲利還重要的開明公司很少。

116 Jason Lewis, "Facebook faces EU curbs on selling users' interests to advertisers," *The Telegraph*, November 26, 2011, http://www.telegraph.co.uk/technology/facebook/8917836/Facebook-faces-EU-curbs-on-selling-users-interests-to-advertisers.html.

117 "Does Facebook sell my information?," Facebook, https://www.facebook.com/help/?faq=152637448140583.

118 Albert Einstein quotes, ThinkExist, http://thinkexist.com/quotation/if_you_can-t_explain_it_simply-you_don-

t/186838.html.

119 神經可塑性（neuroplasticity）係指神經系統的生理，容易因爲行爲、環境、神經處理路徑或神經系統以外的身體部位的變化而改變。這發生於種種層次，從學習導致的細胞變化，到因應受傷而發生大腦分區圖重組（cortical remapping）的大規模變化。神經可塑性的角色被健康發育、學習、記憶、腦部損傷復建等領域廣爲認知，近期的研究發現，縱使是成年人的大腦，許多區域仍然具有可塑性。參考下列文獻：

- Pascual-Leone, A., Freitas, C., Oberman, L., Horvath, J.C., Halko, M., Eldaief, M., et al., “Characterizing brain cortical plasticity and network dynamics across the age-span in health and disease with TMS-EEG and TMS-fMRI,” *Brain Topography*, 24, 302-315.
- Pascual-Leone, A., Amedi, A., Fregni, F., and Merabet, L.B., “The plastic human brain cortex,” *Annual Review of Neuroscience* (2005), 28, 377-401.
- Rakic, P., “Neurogenesis in adult primate neocortex: an evaluation of the evidence,” *Nature Reviews Neuroscience*, January 2002.

10 工作認同

120 簽署並批准《集束彈藥公約》(The Convention on Cluster Munitions)的國家禁止使用集束彈藥，此公約於二〇〇八年五月在愛爾蘭都柏林達成，並於二〇一〇年八月一日起生效，成爲具有約束力的國際法。截至二〇一一年八月，總計有一〇八個國家簽署此公約，其中六十個國家已經批准。但在全球各地，這類炸彈仍被廣泛用於戰爭及內部衝突上，它們是由未批准此公約的國家製造、供應的，或是透過黑市流通。我也可以使用別的例子，但我想，用這個例子你能了解我闡述的觀點。

121 "Corruption Perceptions Index 2010," Transparency International, http://www.transparency.org/cpi2010/in_detail.

122 Blanden J., Gregg P. and Machin S., "Intergenerational Mobility in Europe and North America," Centre for Economic Performance, The London School of Economics and Political Science, 2005, http://cep.lse.ac.uk/about/news/IntergenerationalMobility.pdf.

123 Richard Wilkinson and Kate Pickett, "The problems of relative deprivation: why some societies do better than others," *Social Science & Medicine* 2007 Nov 5; 65(9): 1965-78, http://www.equalitytrust.org.uk/docs/problems-of-relative-deprivation.pdf.

11 追求幸福

124 Richard Cumberland, *A Treatise of the Laws of Nature*, pp.523-24 (Liberty Fund, 2005).

125 John Locke, *An Essay Concerning Human Understanding,* Book 2, Chapter 21, Section 51, 1690.

126 Stephen Lucas, "Justifying America: The Declaration of Independence as a Rhetorical Document," in Thomas

W. Benson, ed., *American Rhetoric: Context and Criticism*, p.67-130, 1989.

127 Chris Hedges, "City of Ruins," *The Nation*, November 04, 2010, http://www.thenation.com/article/155801/city-ruins.

128 Martin Luther King, Jr., "Remaining Awake Through a Great Revolution," March 31, 1968, sermon at the National Cathedral; published in *A Testament of Hope*, 1986.

129 《美國偶像》一直是美國電視近史中最多人觀看的節目，維基百科相關頁面：http://en.wikipedia.org/wiki/List_of_most_watched_television_broadcasts。

130 下列是過去幾年間，發生於黑色星期五的幾起瘋狂事件報導：

- "Wal-Mart worker dies in rush; two killed at toy store," CNN, November 28, 2008, http://edition.cnn.com/2008/US/11/28/black.friday.violence/index.html.
- "Black Friday shopper arrested on weapons, drug charges in Boynton Beach | boynton, arrested, beach," West Palm Beach: WPEC, http://www.cbs12.com/news/boynton-4729776-arrested-beach.html.
- Black Friday—Violence, Wikipedia, http://en.wikipedia.org/wiki/Black_Friday_(shopping)#Violence.

131 George Monbiot, "The 1% are the very best destroyers of wealth the world has ever seen," *The Guardian*, http://www.theguardian.com/commentisfree/2011/nov/07/one-per-cent-wealth-destroyers.

132 Daniel Kahneman, "How cognitive illusions blind us to reason," *The Guardian*, October 30, 2011, http://www.guardian.co.uk/science/2011/oct/30/daniel-kahneman-cognitive-illusion-extract.

133 Belinda Jane Board and Katarina Fritzon, "Disordered Personalities at Work," *Psychology, Crime & Law*, Vol. 11(1), pp.17-32, March 2005.

134 Stefania Vitali, James B. Glattfelder and Stefano Battiston, "The network of global corporate control," September 19, 2011, http://arxiv.org/PS_cache/arxiv/pdf/1107/1107.5728v2.pdf.

12 蠍子與青蛙

135 本文節錄自 Slashdot 網站一位匿名者的貼文，並且稍加修改：http://slashdot.org/comments.pl?sid=180945&cid=14970571。

13 成長與幸福

136 Jean-Baptiste Michel, Yuan Kui Shen, Aviva Presser Aiden, Adrian Veres, Matthew K. Gray, The Google Books Team, Joseph P. Pickett, Dale Hoiberg, Dale Hoiberg, Dan Clancy, Peter Norvig, Jon Orwant, Steven Pinker, Martin A. Nowak, and Erez Lieberman Aiden, "Quantitative Analysis of Culture Using Millions of Digitized Books," *Science*, December 16, 2010, http://www.sciencemag.org/content/early/2010/12/15/science.1199644.

137 Richard A. Easterlin, "Does Economic Growth Improve the Human Lot? Some Empirical Evidence," University of Pennsylvania, 1974, http://graphics8.nytimes.com/images/2008/04/16/business/Easterlin1974.pdf.

138 Richard A. Easterlin, Laura Angelescu McVey, Malgorzata Switek, Onnicha Sawangfa, and Jacqueline Smith Zweig, "The happiness-income paradox revisited," *Proceedings of the National Academy of Sciences*, October 01, 2010, http://www.pnas.org/cgi/doi/10.1073/pnas.1015962107.

139 "Money Doesn't Make People Happy," *Forbes*, February 14, 2006, http://www.forbes.com/2006/02/11/tim-harford-money_cz_th_money06_0214harford.html.

140 Prof. Paul Bloom, "Psychology 110 Lecture 20—The Good Life: Happiness," Yale University, http://oyc.yale.edu/psychology/psyc-110/lecture-20.

14 所得與幸福

141
- Betsey Stevenson and JustinWolfers, "Economic Growth and Subjective Well-Being: Re-Assessing the Easterlin Paradox," Brookings Panel on Economic Activity 2008, http://bpp.wharton.upenn.edu/betseys/papers/Happiness.pdf.
- Angus Deaton, "Income, Health, and Well-Being around the World: Evidence from the Gallup World Poll," *Journal of Economic Perspectives*, 22(2): 53-72, Spring 2008, http://www.aeaweb.org/articles.php?doi=10.1257/jep.22.2.53.

142 Jonah Lehrer, "Does Inequality Make Us Unhappy?," *Wired*, November 03, 2011, http://www.wired.com/wiredscience/2011/11/does-inequality-make-us-unhappy/.

143 Carol Graham, *The Pursuit of Happiness: An Economy of Well-Being*, p.22 (Brookings Institution Press, 2011).

144 Daniel Kahneman and Angus Deaton, "High income improves evaluation of life but not emotional well-being," *Proceedings of the National Academy of Sciences*, http://www.pnas.org/content/107/38/16489.full.

15 幸福

145 引述改寫自英國戲劇演員暨作家史派克・米利根（Spike Milligan）的名言：「金錢不能爲你買到幸福，但能帶給你較愉快的不幸」，http://thinkexist.com/quotation/money_can-t_buy_you_happiness_but_it_does_bring/220031.html。這句話還有其他許多變化版本的改寫。

146 這句話應該是出自好萊塢知名演員金・凱瑞（Jim Carrey），但我只能找到一個稍有聲譽的資料來源：http://goo.gl/7Am3s。不論如何，我認爲這是一句佳言。

147 Jan-Emmanuel De Neve, Nicholas A. Christakis, James H. Fowler, and Bruno S. Frey, "Genes, Economics, and Happiness," CESifo Working Paper Series No. 2946, CESifo Group Munich, February 2010, http://jh-fowler.ucsd.edu/genes_economics_and_happiness.pdf.

148 對同卵雙胞胎和異卵雙胞胎進行比較的科學研究已經確證，許多面向的行爲是遺傳而來的。最近的研究顯示，人的幸福感差異性可能有高達三分之一的程度是受到遺傳基因影響。學者詹艾曼紐・德內偉把研究向前推進了一步，他主持的這項研究，針對普遍被認爲可能具有影響作用的血清素轉運體基因進行檢視，了解這種 5-HTT 基因結構的差異如何影響快樂感的程度。

血清素轉運體基因有長、短兩種不同結構，人類的對偶基因一個來自父親、一個來自母親。德內偉使用美國全國青少年健康長期研究（National Longitudinal Study of Adolescent Health）二五〇〇名參與者的基因資料進行檢視分析後發現，對偶基因中至少有一長結構者（亦即結構爲兩長或一長一短者），表示對生活感到很滿意的可能性，比對偶基因中皆爲短結構者高出八％；而對偶基因爲兩長結構者，表示對生活感到很滿意的可能性則高出十七％。

有趣的是，種族之間存在著明顯的差異性。此研究樣本中的亞裔美國人平均有〇・六九個長結構基因，美國白人有一・一二個，美國黑人有一・四七個。德內偉在研究報告中寫道：「學界長久以來懷疑這種基因對心理健康具有影響作用，這是首度有研究發現，這種基因會影響個人的幸福感。這項研究發現有助於解釋爲何我們每個人的基本水準幸福感與他人不同，以及爲何有些人天性就是比較容易感到快樂。在這方面，個人基因的影響作用不小。」http://science.slashdot.org/story/11/10/18/0515236/the-genetics-of-happiness.

149 基因工程、個人化醫療，這些全都是引人入勝的討論領域，無疑將在幾年後成爲關注焦點。

150 Ed Diener, Ed Sandvik and William Pavot, "Happiness is the Frequency, Not the Intensity, of Positive Versus

Negative Affect," *Social Indicators Research Series* (2009), Volume 39, pp. 213-231, http://dx.doi.org/10.1007/978-90-481-2354-4_10.

151 Ed Diener, "Discoveries at the Diener's Lab," University of Illinois, http://internal.psychology.illinois.edu/~ediener/discoveries.html.

152 這個例子取自吉伯特教授二〇〇四年的 TED 全球演講內容：http://www.ted.com/talks/dan_gilbert_asks_why_are_we_happy.html。

153 出處同前條注釋。

16 工作與幸福

154 相關調查請參見：Darity and Goldsmith, 1996。北歐國家的研究證據，參見：Bj´'orklund and Eriksson (1998) and Korpi (1997)；英國及美國的研究證據，參見：Blanchflower and Oswald (2004b)；德國的研究證據，參見：Winkelmann and Winkelmann (1998)；俄羅斯的研究證據，參見：Ravallion and Lokshin (2001)。

155 Andrew E. Clark and Andrew J. Oswald, "Unhappiness and Unemployment," *The Economic Journal,* Vol. 104, No. 424 (May, 1994), pp. 648-659, http://www.jstor.org/stable/2234639.

156 德國的縱橫資料，參見：Winkelmann and Winkelmann (1998)。澳洲的縱橫資料，參見：Marks and Fleming (1999)，此研究詳細探討對心理健康的種種影響。

157 相關調查請參見：Murphy and Athanasou (1999)。

158 「關於適應力，有一些很有趣的例外，例如我們無法習慣噪音。很多研究顯示，如果你身處的環境很嘈雜，例如附近有建築工程正在進行，你無法適應而習慣它的嘈雜聲，你的幸福感將降低，無法回復，你的身心無法習慣持續性的噪音。我們能夠適應好事，例如中樂透彩、贏得獎項、在某堂課獲得 A 的成績，我們會適應而變得習慣。但也有一些令人意外的例外，其中一個是隆乳和縮乳之類的整型手術。研究發現，整型手術使人更快樂，而且這種更快樂的感覺會一直持續著，不會因爲漸漸適應而使快樂感消退。之所以會有這種現象，理由之一是我們的外貌很重要，他人如何看待我們，以及我們如何看待自己，這件事很重要。所以，如果你的相貌變得更佳，你會變得更快樂，而且這種更快樂的感覺會一直持續著。」Prof. Paul Bloom, "Psychology 110 Lecture 20—The Good Life: Happiness," Yale University, http://oyc.yale.edu/psychology/psyc-110/lecture-20.

159 Veum Goldsmith and Darity (1996).

160 Ruhm (2000).

161 Stutzer and Lalive (2004).

162 Clark and Oswald (1994).

163 Jeanne Nakamura and Mihály Csíkszentmihályi, *Handbook of Positive Psychology* (2001), pp. 89-101.

164 Mihály Csíkszentmihályi, Sami Abuhamdeh, and Jeanne Nakamura, *Handbook of competence and motivation*

(2005), Chapter 32 "Flow," http://academic.udayton.edu/jackbauer/CsikFlow.pdf.

165 Bruno S. Frey (2008), Hamilton (2000), Ryan and Deci (2000).

166 Meier and Stutzer (2008).

167 "Table: The World's Happiest Countries," *Forbes*, http://www.forbes.com/2010/07/14/world-happiest-countries-lifestyle-realestate-gallup-table.html?partner=popstories.

168 "Average annual hours actually worked per worker," OECD.Stat, http://stats.oecd.org/Index.aspx?DatasetCode=ANHRS.

17 人生的目的

169 Dianne Dukette and David Cornish, *The Essential 20: Twenty Components of an Excellent Health Care Team*, pp. 72-73 (RoseDog Books, 2009).

170 Elizabeth Barlow, "The New York Magazine Environmental Teach-In," *New York*, p. 30, March 30, 1970, http://books.google.com/books?id=cccDAAAAMBAJ&printsec=frontcover#PPA30,M1. 富勒是建築師、工程師、作家、設計師、系統理論家，被許多人推崇爲上一世紀最傑出的思想家之一。他創造出許多詞彙，其中很多是未來主義濃厚、後來真的實現的詞彙，包括「太空船地球」（Spaceship Earth）、「再生加速化」（ephemeralization，以愈來愈少的資源創造愈來愈多的東西）與「綜效」（synergetic）等。

171 Philippe Beaudoin, July 18, 2012, https://plus.google.com/u/0/107988469357342173268/posts/2MVoo5KG1eP.

172 *Salman Khan at Rice University's 2012 commencement*, http://www.khanacademy.org/talks-and-interviews/v/salman-khan-at-rice-university-s-2012-commencement.

173 Alyson Shontell, "80% Hate Their Jobs—But Should You Choose A Passion Or A Paycheck?," October 4, 2010, *Business Insider*, http://www.businessinsider.com/what-do-you-do-when-you-hate-your-job-2010-10.

18 給所有人的實用建議

174 Virtue, Wikipedia, http://en.wikipedia.org/wiki/Virtue.

175 美國的平均薪資水準請參見：http://www.averagesalarysurvey.com/article/average-salary-in-united-states/15200316.aspx。

176 "National Average Wage Index," The United States Social Security Administration, http://www.ssa.gov/oact/COLA/AWI.html.

177 很遺憾，這句話的原始出處已不可考，但通常都指源自中國。多年來，有人錯指它出自孔子、老子或管仲，但它是一句中國諺語，意思是「教導人們如何做，勝過爲他們做。」http://goo.gl/XdvT9.

178 "Decline in fish stocks," 1998-1999, World Resources Institute, http://www.wri.org/publication/content/8385.

179 "iPhone 5 announcement: 3 important things to watch," September 12, 2012, MSN Finance, http://finance.ninemsn.com.au/newsbusiness/motley/8531541/iphone-5-announcement-3-important-things-to-watch.

180 Charles M. Vest, "Why MIT Decided to Give Away All Its Course Materials via the Internet," January 30, 2004, *The Chronicle of Higher Education*, 50 (21), B20.

181 Jeremy Rifkin, *The Empathic Civilization: The Race to Global Consciousness in a World in Crisis* (Tarcher, 2009).

182 Wolfram Alpha 是一個線上服務平台，你輸入查詢，它會直接提供電腦計算的結果或解答，而不是像搜尋引擎那樣，提供一份裡頭可能含有解答的文件檔案或網頁清單。這個平台的目的是「讓人人可立即取得電腦演算後得出的系統化知識」，http://www.wolframalpha.com/about.html。

183 Jeffrey R. Young, "College 2.0: A Self-Appointed Teacher Runs a One-Man 'Academy' on YouTube," June 06, 2010, *The Chronicle of Higher Education*, http://chronicle.com/article/A-Self-Appointed-Teacher-Runs/65793/.

184 Accelerating change, Wikipedia, http://en.wikipedia.org/wiki/Accelerating_change.

185 Journal of the American Dietetic Association, http://eatright.org/cps/rde/xchg/ada/hs.xsl/home_7018_ENU_HTML.htm.

186 "Cattle ranching is encroaching on forests in Latin America," Food and Agriculture Organization of the United

Nations, June 08, 2005, http://www.fao.org/newsroom/en/news/2005/102924/.

187 Robert A. Kanaly, Lea Ivy O. Manzanero, Gerard Foley, Sivanandam Panneerselvam, and Darryl Macer, *Energy Flow, Environment and Ethical Implications for Meat Production*, UNESCO 2010, http://unesdoc.unesco.org/images/0018/001897/189774e.pdf.

188 H. Steinfeld, et al, *Livestock's Long Shadow: Environmental Issues and Options*, FAO 2006, ftp://ftp.fao.org/docrep/fao/010/a0701e/a0701e00.pdf.

189 A.K. Chapagain and A.Y. Hoekstra, *Water Footprints of Nations*, Value of Water Research Report Series No. 16, UNESCO-IHE, November 2004, http://www.waterfootprint.org/Reports/Report16Vol1.pdf.

190 "Eating Lots of Red Meat Linked to Colon Cancer," American Cancer Society, http://209.135.47.118/docroot/NWS/content/NWS_1_1x_Eating_Lots_of_Red_Meat_Linked_to_Colon_Cancer.asp.

191 *Food, Nutrition, Physical Activity, and the Prevention of Cancer: a Global Perspective* (2007), World Cancer Research Fund/American Institute for Cancer Research, p.116.

192 Rob Stein, "Breast Cancer Risk Linked To Red Meat, Study Finds," *The Washington Post*, November 16, 2006, http://www.washingtonpost.com/wp-dyn/content/article/2006/11/13/AR2006111300824.html.

193 "Study Links Meat Consumption to Gastric Cancer," National Cancer Institute, http://www.cancer.gov/cancertopics/prevention-genetics-causes/causes/meatconsumption.

194 "Study links red meat to some cancers," CNN, http://www.cnn.com/US/9604/30/meat.cancer/.

195 "Associations between diet and cancer, ischemic heart disease, and all-cause mortality in non-Hispanic white California Seventh-day Adventists," *The American Journal of Clinical Nutrition* 70 (3 Suppl): 532S-538S, http://www.ajcn.org/cgi/pmidlookup?view=long&pmid=10479227.

196 M. C. R. Alavanja, et al, "Lung cancer risk and red meat consumption among Iowa women," *Lung Cancer*, Vol. 34, issue 1, pp. 37-46.

197 Kontogianni, et al, "Relationship between meat intake and the development of acute coronary syndromes: the CARDIO2000 case-control study," *European Journal of Clinical Nutrition*, 62. 2. pp. 171-177.

198 Rob M. Van Dam, W. C. Willett, E. B. Rimm, M. J. Stampfer, and F. B. Hu, "Dietary Fat and Meat Intake in Relation to Risk of Type 2 Diabetes in Men," *Diabetes Care* 25 (3).

199 Y. Wang and MA. Beydoun, "Meat consumption is associated with obesity and central obesity among US adults," *The International Journal of Obesity* 33 (6), pp. 621-628.

200 D. J. Pattison, et al, "Dietary risk factors for the development of inflammatory polyarthritis: evidence for a role of high level of red meat consumption," *Arthritis & Rheumatism*, 50. 12. pp. 3804-3812.

201 The Nest, an example of a Learning Thermostat, http://www.nest.com.

202 Hot Water Heater 'Blanket,' http://www.greenandsave.com/utility_savings/gas/hot_water_heater_blanket.html.

203 Standby Power Reduction, http://www.greenandsave.com/utility_savings/electric/standby_power_reduction.html.

204 Master ROI Table, http://www.greenandsave.com/master_roi_table.html.

205 Amory Lovins, "Integrative Design: A Disruptive Source of Expanding Returns to Investments in Energy Efficiency," Rocky Mountain Institute, 2010, http://www.rmi.org/Knowledge-Center/Library/2010-09_IntegrativeDesign.

206 John O. Blackburn and Sam Cunningham, *Solar and Nuclear Costs—The Historic Crossover*, Duke University, prepared for NC WARN, July 2010, http://www.ncwarn.org/wp-content/uploads/2010/07/NCW-SolarReport_final1.pdf.

207 John Farrell, "Mapping Solar Grid Parity," December 14, 2011, http://energyselfreliantstates.org/content/mapping-solar-grid-parity.

208 John Farrell, "Re-Mapping Solar Grid Parity (with incentives)," March 06, 2012, http://www.energyselfreliantstates.org/content/re-mapping-solar-grid-parity-incentives.

209 Ramez Naam, "Smaller, cheaper, faster: Does Moore's law apply to solar cells?," *Scientific American*, March 16, 2011, http://blogs.scientificamerican.com/guest-blog/2011/03/16/smaller-cheaper-faster-does-moores-law-apply-to-solar-cells/.

210 Lisa Smith, "The True Cost Of Owning A Car," Investopedia, July 26, 2007, http://www.investopedia.com/articles/pf/08/cost-car-ownership.asp#axzz1u18EBznk.

211 "Road accident statistics in Europe (2007)," CARE and national data, European Union, http://ec.europa.eu/

sverige/documents/traffic_press_stats.pdf.

212 "Cars and community—is it possible to have both?," http://makewealthhistory.org/2009/06/22/cars-and-community-is-it-possible-to-have-both/.

213 "National Obesity Trends (2010)," CDC, http://www.cdc.gov/obesity/data/trends.html.

214 *Over half the US will be obese by 2015*, YouTube, http://www.youtube.com/watch?v=rXNe3LHlVxU.

215 Peer-to-peer car rental, Wikipedia, http://en.wikipedia.org/wiki/Peer-to-peer_car_rental.

19 擁抱開放哲學，共創未來

216 這句話出自杜拉克，但許多人說過類似的概念。例如，美國計算機科學家艾倫・科提斯・凱伊（Alan Curtis Kay）在一九七一年全錄公司帕羅奧圖研究中心（Xerox PARC）一場會議中曾說：「預測未來的最佳方法就是開創它。」奇點大學的共同創辦人彼得・戴曼迪斯（Peter Diamandis）也曾說過：「預測未來的最佳方法是自己開創它。」

217 別低估軟體的重要性，幫助改善我們生活的事物中，多數是軟體。舉凡醫療器材、伺服器、個人電腦、手機、電子器材、街燈、網際網路……許多我們視爲理所當然的東西，若沒有軟體就無法運作。

218 Open Source, Wikipedia, http://en.wikipedia.org/wiki/Open_source.

219 *Can We Open Source Everything? The Future of the Open Philosophy*, University of Cambridge, http://www.

sms.cam.ac.uk/media/517352;jsessionid=62FE4CCB3807753999235E2EA54E5009.

220 LaTeX—a document preparation system, http://www.latex-project.org/. Open at the source, Apple, http://www.apple.com/opensource/.

221 Carl Franzen, "Kickstarter Expects to Provide More Funding to the Arts than ENA," February 24, 2012, http://idealab.talkingpointsmemo.com/2012/02/kickstarter-expects-to-provide-more-funding-to-the-arts-than-nea.php.

222 Marcin Jakubowski, *Open-sourced blueprints for civilization*, TED2011, http://www.ted.com/talks/marcin_jakubowski.html.

223 "Wikipedia Founder Jimmy Wales Responds," Slashdot, July 28, 2004, http://slashdot.org/story/04/07/28/1351230/wikipedia-founder-jimmy-wales-responds.

224 Clay Shirky, "Gin, Television, and Social Surplus," April 26, 2008, http://replay.web.archive.org/20101016111844/http://www.herecomeseverybody.org//2008//04//looking-for-the-mouse.html.

225 Anna Coote, Jane Franklin, and Andrew Simms, *21 hours*, New Economics Foundation, February 2010, http://www.neweconomics.org/publications/entry/21-hours.

226 Graham Hill, *Why I'm a weekday vegetarian*, TED2010, http://www.ted.com/talks/graham_hill_weekday_vegetarian.html.

20 這樣做，你也許會覺得更幸福

227 我注意到，過去幾年有不少靈學人士、神祕主義者、各種江湖術士、自助學權威，以及各種僞科學人士把「量子」這個名詞用在很奇怪的背景中，把一些和量子力學完全無關、和科學無關的東西拿來和量子扯上關連。如果你對量子力學感興趣的話，我建議你去看史丹佛大學教授李奧納多．蘇斯坎（Leonard Susskind）的免費線上授課。下列這些教學影片很棒：

- Course｜Modern Physics: Quantum Mechanics, http://www.youtube.com/playlist?list=PL84C10A9CB1D13841.
- Course｜Quantum Entanglements: Part 1 (Fall 2006), http://www.youtube.com/playlist?list=PLA27CEA1B8B27EB67.
- Course｜Quantum Entanglements: Part 3 (Spring 2007), http://www.youtube.com/playlist?list=PL5F9D6DB4231291BE.

228 關於這份清單的科學研究證據，參見：Shawn Achor, *The Happiness Advantage: The Seven Principles of Positive Psychology That Fuel Success and Performance at Work* (2010)，以及 Oliver Burkeman, *Help!: How to Become Slightly Happier and Get a Bit More Done* (2011)。

229 Dr. Mike Evans, *23 and 1/2 hours: What is the single best thing we can do for our health?*, http://www.you-

tube.com/watch?&v=aUaInS6HIGo.

230 Elizabeth W. Dunn, Daniel T. Gilbert, and Timothy D.Wilson, "If Money Doesn't Make You Happy, Then You Probably Aren't Spending It Right," *Journal of Consumer Psychology*, April 2011, http://scholar.harvard.edu/files/danielgilbert/files/if-money-doesnt-make-you-happy.nov-12-20101.pdf.

21 未來是美好的

231《夢醒人生》是一部美國動畫片，由林克雷特導演，在二〇〇一年發行。整部電影使用眞人數位影像拍攝後，再由一組藝術工作人員使用電腦描繪及上色。這部影片以夢的性質、意識、存在主義爲主軸，片名衍生自哲學家喬治・桑塔亞那（George Santayana）的格言：「理智是善用瘋狂，夢醒人生是受控的夢境。」維基百科介紹頁面：http://en.wikipedia.org/wiki/Waking_Life。

附錄A 明智花費，提升家庭生活品質

232《消費者報告》（*Consumer Reports*）指出，現在一輛新車的平均壽命約爲八年，或是十五萬英里，參見 http://www.consumerreports.org。

附錄B　成長的迷思

233 Tom Murphy, "Galactic-Scale Energy," Do the Math, July 12, 2011, http://physics.ucsd.edu/do-the-math/2011/07/galactic-scale-energy.

234 還記得「七〇法則」嗎？即一個數值以固定速率成長，若你想知道此數值需要歷經多久後才能增倍，你只需要把七〇除以成長率即可。想知道增爲兩倍需要歷經多久時間，使用的公式是一〇〇乘以二的自然對數：100*ln*(2) = 69.3147181，大約爲七〇。想知道增爲十倍所需花費時間（十倍時間），我們使用的公式是 100*ln*(10) = 230.258509。二三〇／一〇〇＝二．三，也就是說，在年成長率二．三%的情況下，每一百年增爲十倍。

235 "Energy use per capita," World Bank, http://goo.gl/olcMQ.

236 Tom Murphy, "Galactic-Scale Energy," Do the Math, July 12, 2011, http://physics.ucsd.edu/do-the-math/2011/07/galactic-scale-energy/.

237 Tom Murphy, "Can Economic Growth Last?," Do the Math, July 14, 2011, http://physics.ucsd.edu/do-the-math/2011/07/can-economic-growth-last.

世界不斷變化，多一點了解與適應。
擁抱開放哲學，共創未來。

國家圖書館出版品預行編目(CIP)資料

機器人即將搶走你的工作：影響全球數十億人的7大自動化技術發展，現在開始重新定義工作目的，幸福慢活 / 費德里科・皮斯托諾（Federico Pistono)著；李芳齡譯.
-- 初版. -- 臺北市：大塊文化, 2016.01
304 面；14.8x20 公分. -- (Touch ; 62)
譯自：Robots will steal your job, but that's ok : how to survive the economic collapse and be happy
ISBN 978-986-213-681-2(平裝)

1.勞動力 2.資訊社會 3.失業問題

542.71 104027984

LOCUS

LOCUS